Kirsten Schwörer

Die phantastische Reise auf dem Regenbogen

Phantasie- und Traumreisen für Kinder und Kind-Gebliebene

Kirsten Schwörer

Die phantastische Reise auf dem Regenbogen

Phantasie- und Traumreisen für Kinder und Kind-Gebliebene

Bibliographische Information der deutschen Nationalbibliothek
Die Deutsche Nationalbibliothek verzeichnet diese Publikation in der deutschen Nationalbibliographie: detaillierte bibliographische Daten sind im Internet unter www.dnb.de abrufbar.

Umschlagdesign: Kirsten Schwörer
Umschlagmotiv: Aquarell von Kirsten Schwörer
Illustrationen: Tuschezeichnungen von
                         Kirsten Schwörer
Satz und Herstellung: tredition GmbH,
                         Grindelallee 188
                         20144 Hamburg

Printed in EU
ISBN 978-3-7345-1518-7 (Paperback)
ISBN 978-3-7345-1519-4 (Hardcover)
ISBN 978-3-7345-1520-0 (e-Book)
1. vollständig überarbeitete Auflage 2016

In Erinnerung an meinen Lehrer
und großen Menschenfreund
Frans Janssen.

Inhalt

Vorwort

Ich habe weder eine klassische psychologische noch eine pädagogische Ausbildung, dennoch ist mir in den letzten Jahren in der Begegnung mit Jugendlichen und Kindern immer wieder aufgefallen, wie wenig Zeit und Raum wir Erwachsene den Kindern einräumen, um zur Ruhe und zur Stille zu kommen.

Von Termin zu Termin gehetzt, haben manche Kinder heute einen volleren Terminplan als so manch ein hochdotierter Manager. Da ist es kein Wunder, dass auch bei Kindern mittlerweile nicht nur Aufmerksamkeitsdefizits-, Konzentrationsstörungen oder Verhaltensauffälligkeiten beobachtet werden können, sondern ebenso auch Depressionen oder das Burn-Out-Syndrom immer häufiger auftreten.

Meine Kinder hatten das Glück, dass Eltern, Großeltern und das weitere soziale und schulische Umfeld sehr viel Wert darauf gelegt und mit Nachdruck darauf geachtet haben, dass die Kinder nicht nur Leistung erbringen müssen, sondern sich auch durchaus zurückziehen dürfen, um allein oder in der Gruppe zur Ruhe zu kommen und ganz bewusst und aktiv zu entspannen.

Ich bin in meinem Leben bereits viel herumgekommen und habe sowohl in ländlichen Gegenden, in einem kleinen Dorf, als auch in großen Städten gelebt. Mir fiel auf, dass nicht überall Wert darauf gelegt wird, sich Zeit für Stille zu nehmen. Tendenziell erlebe ich die Menschen in großen Städten hektischer, unausgeglichener und „verplanter" als in ländlicheren Gegenden, wo noch mehr Muße vorherrscht.

Meinen Kindern hat es immer gutgetan, in den Zeiten, in denen besonders viel Trubel um sie herum war, mit Hilfe von Traum- oder Phantasiereisen abzuschalten und in die Entspannung zu kommen. Meistens haben wir abends Geschichten vorgelesen oder auch gemeinsam angehört, z.b. als Hörspiele.

Alle Kinder finden es spannend und schön, einer Geschichte zuzuhören, und so wuchs in mir der Wunsch, meine Geschichten und meine Erfahrungen, die ich bislang nur im Privaten sammeln konnte, auch an andere weiterzugeben.

Ich begann mich für Möglichkeiten zu interessieren, wie und wo ich diese Geschichten erzählen könnte und intuitiv rief ich in einem der benachbarten Kindergärten an, um meine Traumreisen als ehrenamtliches Angebot vorzustellen. Nennen Sie es Zufall, ich nenne es Vorsehung: denn genau in diesem Kindergarten war eine Kollegin, die sonst immer mit den Kindern meditative Übungen und Entspannungstechniken trainierte, seit einiger Zeit krank. Nach einem kurzen Vorstellungsgespräch war sehr schnell klar, dass ich gut in das Team passe, und seitdem freue ich mich, einmal in der Woche im Kindergarten mit zwei Gruppen von bis zu acht Kindern zu arbeiten und ihnen meine eigenen Phantasiereisen vorzutragen.

Auch einzelne Erzieherinnen sind hin und wieder mit von der Partie und lassen sich mitnehmen in die Traumwelt, in der

Hektik, Druck, Angst, Stress, Leistungsdruck, etc. nicht existieren.

Anfangs nahm ich mir dazu noch fremde Texte zur Hilfe, aber sehr schnell wurde mir klar, dass ich den Kindern auch etwas Persönliches mitgeben wollte, und so fing ich an, meine eigenen Geschichten zu schreiben. Das fühlte sich während der Übungen mit den Kindern auch viel stimmiger für mich an.

Schön war der Moment, als ich erleben konnte, wie die Geschichten nur so aus mir heraussprudelten. Damit die vielen Ideen und Ansätze zu den Traumsätzen nicht verloren gingen, habe ich diese schriftlich dokumentiert, und bald war die Idee zu einem Buch geboren.

Neben den Texten der Geschichten habe ich in diesem Büchlein auch einige Tipps zusammengestellt, die aus der Erfahrung mit den Kindergartenkindern und meinen eigenen Kindern entstammen, sowie einige Erläuterungen zu den typischen Elementen, die ich in meinen Traumreisen verwende, gegeben. Ich hoffe, sie sind für diejenigen, die auf ähnliche Art und Weise mit Kindern arbeiten möchten, hilfreich.

Viel Spaß und gute Entspannung wünsche ich den Lesern, Vorlesern und Zuhörern bei meinen Traum- und Entspannungsreisen.

Tipps zur Vorbereitung eines schönen Traumreise-Erlebnisses

Raum schaffen

Es ist sehr hilfreich, einen separaten Raum für solche Übungen zur Verfügung zu haben. Im Kindergarten hat sich dafür die Turnhalle bewährt, ein Platz, an dem die Kinder zu besonderen gemeinschaftlichen Aktivitäten zusammenkommen.

Ich halte es für sehr wichtig, dass solche Übungen nicht in der normalen Umgebung stattfinden, wo es zu viele Ablenkungen gibt, sondern an einem gesonderten Ort, an dem die Kinder dann auch nach und nach lernen, dass dies der Ort ist, wo sie zur Ruhe kommen können und dürfen.

Zu Hause können Sie die Besonderheit einer solchen Auszeit dadurch unterstreichen, dass man z.B. eine hübsche Kerze oder ein Räucherstäbchen anzündet. Das normale Licht wird gedimmt oder ganz ausgeschaltet, und die Telefone auf lautlos gestellt, so dass alle wissen – die nächste halbe bis dreiviertel Stunde ist nur für mich reserviert!

Im Kindergarten legen wir Sitzgelegenheiten und dicke Matten sternförmig aneinander. Die Kinder dürfen sich dann noch eine Fleecedecke holen, damit es besonders kuschelig und gemütlich ist.

Der Einstieg in die Geschichte

Sind die Kinder versammelt und sind sie bereits ein wenig zur Ruhe gekommen, dann gibt es noch ein paar Spielregeln, die ich mit meinen Gruppen immer verabredet habe. Dazu gehört zum Beispiel, dass sich alle gut überlegen, ob sie nicht doch noch einmal auf die Toilette gehen müssen, bevor ich anfange, meine Geschichte zu erzählen.

Sitzen oder liegen alle Kinder endlich auf ihren Plätzen und haben genug Raum um sich, so dass sie sich nicht gegenseitig stören, dann frage ich noch einmal nach, ob sie alle wirklich die Geschichte hören wollen und ob sie es denn schaffen – und ich weiß von Pädagoginnen sehr genau, dass sie das können – ganz still der Geschichte zu lauschen, ohne miteinander zu quatschen. Ich schaue jedes Kind an und hole mir die Bestätigung: Ja, ich will still sitzen und der Geschichte zuhören!

Natürlich gibt es hin und wieder ein oder zwei Störenfriede, die nicht aufhören können zu flüstern und zu tuscheln. Diese Kinder ermahne ich dann ein bis zweimal mit einer stillen Aufforderung, doch bitte, wie vereinbart, still zu sein. Funktioniert das nicht, dann unterbreche ich die Geschichte und bitte die Kinder, den Raum zu verlassen und erkläre Ihnen geduldig und liebevoll warum.

Bislang gab es von meinen Erzähl-Kindern nie Widerworte oder Diskussionen, wenn Sie den Raum verlassen mussten. Und beim nächsten Mal, in der darauffolgenden Woche, waren genau diese Kinder besonders still und aufmerksam.

Ein weiterer Punkt, der sich sehr gut bewährt hat, um den Ablauf während des Erzählens nicht zu sehr zu stören, ist die Vereinbarung, dass jedes Kind, das während des Erzählens bemerkt, dass es nicht still sitzen oder liegen kann und die Geschichte nicht zu Ende hören möchte, leise aufsteht und still den Raum verlässt, damit die anderen Kinder nicht gestört werden.

Dann beginne ich mit meinen einleitenden Worten zur Geschichte, wie Sie sie auch zu Beginn jeder Geschichte finden:

Du machst es dir ganz bequem...
Du reckst und streckst dich noch einmal...
Atme einmal tief ein..., und wieder aus..., noch einmal ein..., und aus...
Du hörst vielleicht noch Geräusche hier in diesem Raum..., oder auch von draußen..., aber mit jedem Atemzug werden die Geräusche weniger wichtig..., und du spürst schon, wie du ruhiger wirst...
Wenn du möchtest, schließe die Augen..., und atme noch einmal tief ein..., und wieder aus...

Wenn bei den Kindern bereits eine gewisse Routine besteht, in Traumreisen einzutauchen, bzw. wenn ausreichend Zeit vorhanden ist, dann kann der einleitende Teil noch etwas intensiviert werden, so z.B. mit der folgenden Einleitung:

Du machst es dir ganz bequem...
du reckst und streckst dich noch einmal...
Atme einmal tief ein...,
und wieder aus...,
noch einmal ein..., und aus...
und noch einmal ein... und wieder aus...

Spüre in deinen Körper hinein, ob da noch irgendwo Verspannungen sind... Solltest du während dieser Vorbereitung spüren, dass du verspannt bist, dann spanne ganz bewusst die Partie für ein paar Sekunden an und lass dann bewusst locker... Lass los...

Fange am Kopf an...

Gehe mit deiner Aufmerksamkeit weiter zu deiner Stirn, den Augen, dem Mund und dem Kiefer......

Vom Kiefer gehst du weiter mit deiner Aufmerksamkeit zum Hals und Nacken... zu den Schultern... Den Armen und Händen... Zum Rücken... ... Bauch... Gesäß...

Zu den Beinen und schließlich zu den Füßen...

Du hörst vielleicht noch Geräusche im Raum… Oder auch von draußen… Aber mit jedem Atemzug werden die Geräusche weniger wichtig… und du spürst schon, wie du ruhiger wirst…

Spüre ganz bewusst, wie du von der Unterlage, auf der du sitzt oder liegst, getragen wirst..., wie du über diese Unterlage mit der Erde, verbunden bist...

Spüre auch den Raum, der dich umgibt... und schützt... und dich mit dem großen weiten Raum über dir, dem Himmel, dem Universum, verbindet...

Auch bei Traumreisen mit Erwachsenen hat sich diese etwas längere Einleitung sehr bewährt, da sie hilft, auch körperlich bewusst in die Entspannung zu gleiten.

Darüber hinaus kann die Länge der Sprechpausen (mit ... gekennzeichnet, wie Sie sich vielleicht schon denken können) variieren. Ich halte das immer ganz flexible. Wenn ich merke, dass die Kinder noch nicht bereit sind und diese Pausen nicht nutzen, um sich in Ihrer Phantasie die beschriebene Situation vorzustellen, dann halte ich die Pausen eher kurz. Ansonsten sind die Kinder dann nämlich unkonzentriert und stören womöglich die anderen Kinder.

In jeder Geschichte gibt es darüber hinaus mindestens eine Stelle, an der eine längere Pause eingelegt werden kann, in den Texten gekennzeichnet mit:

Ob die Pause gemacht wird, hängt auch wieder davon ab, wie sehr die Teilnehmer in der Entspannung versunken sind. Entspannung zu erzwingen, indem man zu lange Pausen macht, ist selbstredend nicht zielführend, aber man spürt recht schnell, wie die Stimmung im Raum ist, und ob eine längere Pause machbar ist und wie lange sie sein kann. Lassen Sie sich da einfach auch durch Ihre Intuition leiten.

Der Abschluss

Ein ruhiger Abschluss und Entlassen aus der Geschichte sollte die ganze Erzählung abrunden. Wenn es die Konzentration und Ruhe der Kinder ermöglicht, dann werden meine Sprechpausen zum Ende der Geschichte etwas länger. Umso wichtiger ist dann ein Abschluss, der die Kinder wieder sanft in das Hier und Jetzt entlässt, z.B. mit den folgenden Worten:

Und ganz langsam kannst du mit deinen Gedanken wieder hierhin zurückkommen..., ganz langsam..., und in deinem eigenen Tempo… kehrst du mit deinem Fühlen und Denken wieder zurück in diesen Raum...
Reck dich und streck dich…
Atme tief ein..., und aus...
Und du spürst weiterhin, wie viel Ruhe in dir ist…, und auch die Kraft…
Du spürst, wie die Ruhe und die Kraft in dir stärker geworden sind...

Manche Kinder stellen sich am Ende der Geschichte absichtlich schlafend und wollen natürlich noch ein extra Portiönchen Aufmerksamkeit, indem Sie sanft geweckt werden wollen.
Manche sprudeln vor Begeisterung über das, was Sie genau beobachten und gesehen haben und sind gar nicht mehr zu bremsen. Hierfür nehme ich mir immer ausreichend Zeit, um

den Kindern abschließend die Gelegenheit zu geben, sich mitzuteilen und das Erlebte zu besprechen.

Ich finde es unglaublich spannend und sehr bereichernd, wie weit die Phantasie der Kinder reicht, und was sie mir dann im Zusammenhang mit den erzählten Geschichten noch alles mitteilen. In den schillerndsten Farben werden die kleinen Menschen zu großen, unglaublich starken Heldinnen und Helden. Da geht mir jedes Mal aufs neue das Herz auf!

Phantasie- und Traumreisen

Deine Freundin, die Wasserelfe

Du machst es dir ganz bequem… Du reckst und streckst dich noch einmal… Atme einmal tief ein…, und wieder aus…, noch einmal ein…, und aus…

Du hörst vielleicht noch Geräusche hier in diesem Raum…, oder auch von draußen…, aber mit jedem Atemzug werden die Geräusche weniger wichtig…, und du spürst schon, wie du ruhiger wirst…

Wenn du möchtest, schließe die Augen…, und atme noch einmal tief ein…, und wieder aus…

Spüre ganz bewusst, wie du von der Unterlage, auf der du sitzt oder liegst, getragen wirst…, wie du über diese Unterlage mit der Erde, verbunden bist…

Spüre auch den Raum, der dich umgibt… und schützt… und dich mit dem großen weiten Raum über dir, dem Himmel, dem Universum, verbindet…

Es ist ein sonniger, angenehm warmer Tag… Du läufst über eine große Wiese – vielleicht läufst du gerne barfuß – du spürst den weichen Boden unter deinen Füßen… Du riechst den Duft von frischen Wildkräutern und Blumen… hin und wieder hörst du ein Summen, Sirren oder Brummen von Bienen, Hummeln oder anderen Insekten, die sich auf der bunten Wiese tummeln… Die Bienen sammeln Nektar für Honig… Du beobachtest eine Biene, wie sie ganz emsig in den Blütenkelch einer Glockenblume krabbelt… Ob die Biene die Wärme der Sonne auch so genießt wie du?

Du spürst die Sonnenstrahlen angenehm auf deinem Gesicht, auf deinen Armen und auf deinen ganzen Oberkörper... Du spürst die Wärme, und du spürst auch ganz deutlich, wie friedlich und harmonisch es um dich herum und in dir ist... Du genießt diese Ruhe und gehst langsam immer weiter auf der Wiese...

Du folgst einem kleinen Pfad auf der Wiese... Gehst weiter, der Sonne entgegen... Am Ende der Wiese entdeckst du einen kleinen Wald... Du gehst weiter... Und je näher du an den Wald kommst, umso lauter und deutlicher werden die Vogelstimmen... Das Wäldchen kommt näher, es riecht nun auch nach Blättern und Erde...

Du hast den kleinen Wald fast erreicht, da hörst du ein weiteres Geräusch: du nimmst das leichte leise Plätschern eines kleinen Baches wahr... Du siehst, wie das Bächlein am Rand des Waldes entlang fließt... Hier und da macht der Bach eine Biegung... An manchen Stellen liegen dicke Steine im Bachbett, die vom Wasser umschlossen werden... Manche Steine sind glatt und trocken, manche sind mit grünem dickem Moos bewachsen und ganz feucht... Du benutzt einen der größeren, trockenen Steine, um den Bach zu überqueren und setzt dich auf einen großen flachen Stein am anderen Ufer, im Schatten eines großen Baumes hinter dir... Du blickst von deinem Platz aus zurück auf die Wiese... Auf den Pfad... Die Insekten... Die Blumen... Siehst wie die Farben der Blumen im Sonnenlicht besonders intensiv leuchten... Und wieder spürst du ganz tief diese Ruhe in dir... Du spürst, wie friedlich dieser Platz an dem Bach ist...spürst die

Geborgenheit und dass du hier beschützt und behütet bist… Der Bach gluckert munter vor sich hin und du folgst dem Wasserlauf mit deinen Blicken…

Ein paar Armlängen von dir entfernt liegen ein paar größere Steine im Wasser, direkt am gegenüberliegenden Ufer… Etwas Schilf und ein paar Wildkräuter umrahmen die Steine, als ob die Natur selbst hier ein Häuschen am Wasser gebaut hätte... Du schaust genau hin, bist ganz still, und entdeckst... Eine kleine Wasserelfe! ...

Sie sitzt wie du auf einem der Steine, vor allzu neugierigen Blicken geschützt durch die Wasserpflanzen, und lässt die Beine ins Wasser baumeln... Nur wer wie du ganz still und geduldig am Bach ruht, und mit seiner ganzen Aufmerksamkeit an diesem Ort ist, der kann die kleine Wasserelfe sehen...

Genau wie du, genießt die Elfe die Ruhe und die Kraft an diesem Platz... Sie lässt das Wasser des Baches mit ihren Füßen hoch planschen... Die Sonnenstrahlen malen dabei einen kleinen Regenbogen um die Füße der Elfe... Du betrachtest die Elfe und bemerkst, wie wunderschön die Kleider in der Sonne schillern... Grün... Türkis... Violett... Blau... Die Elfe sitzt plötzlich still, hebt den kleinen Kopf in deine Richtung... Ihr schaut euch still an... Die kleine Elfe lächelt dich an... Du spürst, wie es in deinem Bauch und deiner Brust warm wird... Und wie du voller Kraft bist... Du lächelst zurück... Du weißt, du hast einen neuen Freund gefunden... Die Elfe weiß auch, dass sie in dir einen neuen Freund, eine neue Freundin gefunden hat... Genieße nun dieses Gefühl der Freude und der Freundschaft...

Ein Schmetterling fliegt vorbei… Seine gelben Flügel leuchten strahlend in der Sonne, er fliegt ein paar Schleifen am blauen Himmel… Auch die Elfe schaut dem Schmetterling hinterher… Dann steht sie auf, winkt dir zu und schlüpft durch das Ufergras davon…

Du betrachtest wieder den Bach… Hörst das Rauschen des Wassers… Fühlst ein paar Sonnenstrahlen auf deinem Gesicht… Und spürst noch einmal ganz, ganz stark die Ruhe…, die Stille…, die Stärke in dir… Dann stehst du auf, überquerst den Bach wieder… Gehst den kleinen Pfad zurück über die Wiese, wo die Bienen und Insekten nach wie vor um die hübschen bunten Blumen schwirren…

Und ganz langsam kannst du mit deinen Gedanken wieder hierhin zurückkommen…, ganz langsam…, und in deinem eigenen Tempo… kehrst du mit deinem Fühlen und Denken wieder zurück in diesen Raum…

Reck dich und streck dich…

Atme tief ein…, und aus…

Und du spürst weiterhin, wie viel Ruhe in dir ist…, und auch die Kraft…

Du spürst, wie die Ruhe und die Kraft in dir stärker geworden sind…

Der Baumpalast

Du machst es dir ganz bequem... Du reckst und streckst dich noch einmal... Atme einmal tief ein..., und wieder aus..., noch einmal ein..., und aus...

Du hörst vielleicht noch Geräusche hier in diesem Raum..., oder auch von draußen..., aber mit jedem Atemzug werden die Geräusche weniger wichtig..., und du spürst schon, wie du ruhiger wirst...

Wenn du möchtest, schließe die Augen..., und atme noch einmal tief ein..., und wieder aus...

Spüre ganz bewusst, wie du von der Unterlage, auf der du sitzt oder liegst, getragen wirst..., wie du über diese Unterlage mit der Erde, verbunden bist...

Spüre auch den Raum, der dich umgibt... und schützt... und dich mit dem großen weiten Raum über dir, dem Himmel, dem Universum, verbindet...

Du gehst an einem kleinen Fluss spazieren... Das Wasser rauscht über die großen Felsen... Wassertropfen glitzern in der Sonne... Du folgst dem Lauf des Flusses... Hinter einer Biegung siehst du einen Wald... Einen Wald, der aus alten, hohen Buchen besteht... Die Blätter der Buchen haben sich golden, orange und rot verfärbt... Es ist Herbst... Schau dir genau an, wie die Farben des Laubs in der Sonne leuchten... Gelb... Orange... Rot...

Du gehst weiter - weiter auf das Wäldchen zu... Es weht ein leichter Wind, du spürst ihn in deinem Gesicht... Der Wind wirbelt einige Blätter von den Bäumen und du schaust zu, wie sie langsam zu Boden schweben... Du gehst weiter und in den Wald hinein...

Die großen, hohen Bäume stehen in einem sehr großen Abstand voneinander... Deine Füße spüren das Rascheln des trockenen Laubs... Hören kannst du das Rascheln auch...sch...sch...sch... macht es. Das Laub ist so tief und locker, dass deine Füße ganz darin verschwunden sind... Du

hebst eine Handvoll Blätter auf und wirfst sie nach oben...,
und noch eine Handvoll..., und dann beide Hände...

Du freust dich, wie hübsch die Blätter im Sonnenlicht tanzen, wenn sie wieder zur Erde schweben... Nimm dieses Gefühl der Freude ganz bewusst wahr... Vielleicht spürst du es in deinem Bauch... Oder in deinem Herzen...

Du schaust nach oben, wo die Baumkronen der großen alten Buchen sich berühren... Staunend siehst du, wie einzelne Sonnenstrahlen sich vorwitzig ihren Weg durch das Herbstlaub suchen, und wie kleine Scheinwerfer den Waldboden beleuchten... In den Strahlen kannst du kleine Staubkörnchen, Insekten und Pusteblumensamen tanzen sehen...

Das Blätterdach über dir erscheint dir wie das Dach eines riesigen Palastes oder einer großen hohen Kathedrale, und die hohen geraden Baumstämme sind die stabilen Säulen, die dieses Dach tragen...

Spür die Ruhe an diesem Ort... Spüre die Kraft in dir... Es ist dein Palast, es ist deine Kathedrale, du gehörst hierhin, und die Sonnenstrahlen tanzen ganz alleine nur für dich...

Du setzt dich auf einen Baumstamm, der mitten im Wäldchen unter dem Blätterdach liegt...du hörst das Rauschen der Blätter im leichten Wind... Von links hörst du einen Specht klopfen...tock, tock, tock...drehst deinen Kopf, um ihn zu entdecken... Dort hinten sitzt er in der Astgabel und klopft... Er hat ein rotes Häubchen... Er ist wunderschön...

Ob der Specht genauso die Sonne genießt wie du? ... Ob er sich an der Ruhe und Kraft, die diesem Ort innewohnt, genauso erfreut? Vor dir raschelt es nun in den Blättern...

Was mag das wohl sein? ... Es raschelt wieder und ein Häschen kommt hinter dem Baum hervor gehoppelt... Neugierig schnuppert es umher... Du siehst wie es seine Ohren hin und her dreht, und die Schnurrhärchen zucken aufgeregt auf und ab... Ob das Häschen etwas frisches Grünes zum Fressen sucht? Neben dem Baumstamm, auf dem du sitzt, wächst ein herrlich saftiges Büschel Löwenzahn... Das mögen Häschen ganz besonders gern... Du pflückst ein saftiges grünes Blatt und hältst es dem Häschen hin... Ganz ruhig bist du dabei, und dankbar, dass du dieses Häschen entdecken durftest... Langsam hoppelt das Häschen auf dich zu..., einen Hoppel..., noch einen Hoppel... Du hältst das Blatt ganz geduldig und still vor dich, so dass das Häschen den Löwenzahn gut erschnuppern kann...zwei Hoppel... Und ein letzter kleiner Hoppel und der Hase erreicht dich und das Löwenzahnblatt...

Du bist immer noch ganz still, ganz ruhig, und ganz voller Freude... Das Häschen beginnt, das Blatt anzuknabbern... Das letzte Stückchen lässt du los, und auch das verputzt das Häschen... Du pflückst noch ein Blatt, und das Häschen frisst... Du kannst es jetzt genau betrachten... Siehst die Ohren, die innen ein wenig heller gefärbt sind... Siehst den weißen Fleck über dem Näschen... Die braunen Augen, die dich ganz voller Vertrauen anschauen... Ein Blatt nach dem anderen verfütterst du an deinen neuen Freund... Das letzte Blatt ist nun auch verputzt, da hoppelt der kleine Hase noch ein bisschen näher und stupst deine Hand mit seiner war-

men Nase an... Warm fühlt sich das an..., und weich...
Streichle nun deinen kleinen Freund...

Du lächelst und freust dich... Das Häschen stupst dich noch
einmal mit seiner weichen Nase an und hüpft dann davon...
Schau ihm noch eine Weile hinterher, schau noch einmal
deinen Blätterpalast an... Dann spüre noch einmal die große, tiefe Ruhe in dir und die Kraft... Steh auf und geh langsam wieder zum Fluss zurück...

Ganz langsam kannst du mit deinen Gedanken wieder hierhin zurückkommen..., ganz langsam..., und in deinem eigenen Tempo... kehrst du mit deinem Fühlen und Denken
wieder zurück in diesen Raum...
Reck dich und streck dich...
Atme tief ein..., und aus...
Und du spürst weiterhin, wie viel Ruhe in dir ist..., und auch
die Kraft...
Du spürst, wie die Ruhe und die Kraft in dir stärker geworden sind...

Spaziergang am Meer

Du machst es dir ganz bequem… Du reckst und streckst dich noch einmal… Atme einmal tief ein…, und wieder aus…, noch einmal ein…, und aus…

Du hörst vielleicht noch Geräusche hier in diesem Raum…, oder auch von draußen…, aber mit jedem Atemzug werden die Geräusche weniger wichtig…, und du spürst schon, wie du ruhiger wirst…

Wenn du möchtest, schließe die Augen…, und atme noch einmal tief ein…, und wieder aus…

Spüre ganz bewusst, wie du von der Unterlage, auf der du sitzt oder liegst, getragen wirst…, wie du über diese Unterlage mit der Erde, verbunden bist…

Spüre auch den Raum, der dich umgibt… und schützt… und dich mit dem großen weiten Raum über dir, dem Himmel, dem Universum, verbindet…

Du gehst über eine grüne Wiese… Das Gras ist ganz kurz und fein und saftig grün… Die Sonne scheint und es ist angenehm warm… Vor dir siehst du, wie diese Wiese sanft in leichte Hügel mit langem Dünengras übergeht… Hier und da kannst du den hellen Sand zwischen dem Dünengras hervorblitzen sehen… Du atmest tief ein… Du riechst, dass die Luft nach Salz und Feuchtigkeit riecht…Du kannst das Meer riechen… Atme noch einmal tief ein… Und wieder aus… Du riechst das Salz des Meeres… Und ein leicht salziger Geschmack bleibt auf deiner Zunge... Du fühlst in deinen Lungen, wie angenehm warm die Luft ist...

Du gehst weiter über das weiche Gras bis zum Rand der Dünen... Dort fällt die Düne steil ab, aber ganz vorne kannst du eine Treppe aus Holz sehen... Du gehst zur Treppe und steigst die Stufen hinab... Ganz langsam, ganz bewusst... Eins, zwei, drei... du spürst die Holzbretter der Stufen unter deinen Füßen... Vier, fünf, sechs, ... Das Holz ist rau und von Wind, Wetter und Salzwasser ganz ausgeblichen... Sieben, acht, neun... Und zehn... Nun bist du unten am Strand, am Fuße der Düne, angekommen...

Es ist ein breiter, heller Sandstrand... Du blickst zurück und siehst diese wunderschöne hohe Düne, auf der sich das Gras leicht im sanften Wind wiegt...

Dann drehst du dich um und gehst in Richtung Meer... Das Meer ist heute glatt und sanft... Es hat eine hellblaue Farbe und am Ufer brechen sich kleine Wellen mit einem weißen Saum aus Weißwasser... Ein kleines Stück weiter draußen brechen sich schöne gleichmäßige Wellen an einer Sandbank... Du spürst die Sonne auf deinem Gesicht und genießt die sanfte Wärme, die deine Haut streichelt... Du hörst ganz bewusst die kleinen Wellen auf den Strand rauschen... Es ist sonst kein anderes Geräusch zu hören – nur die Wellen... Und das Schlagen deines Herzens...

Du genießt die Stille und Ruhe, die dieser Moment dir gibt... Du fühlst ganz deutlich, wie es auch in dir ganz ruhig wird... Alle Gedanken und Sorgen, die du hattest, sind jetzt unwichtig... Du atmest wieder tief ein... Und wieder aus...

Weiter am Strand entlang, findest du hier und da Muscheln im Sand, die das Meer in der Nacht an den Strand gespült hat... Manche sind braun, andere sind schwarz, es gibt weiße Muscheln und beige... Auch Steine findest du in vielen Formen, Größen und Farben...

Du siehst einen ganz besonders hübschen Stein und hebst ihn auf... Du freust dich, dass du, nur du alleine, heute diesen Stein gefunden hast... Betrachte ihn... Welche Farbe hat er? Welche Form? ... Das ist dein Stein... Die Freude und Ruhe wachsen weiter in dir... Du möchtest am liebsten die ganze Welt umarmen, so groß ist die Freude...

Ein neues Geräusch dringt an dein Ohr... Ein paar junge Möwen spielen im Wind an den Klippen... Du beobachtest, wie geschickt sie ihre Kreise umeinander fliegen... Ob die Möwen ebenso viel Freude beim Fliegen empfinden, wie du am Strand, mit deinem Stein? ...

Auf dem türkisfarbenen Wasser, ganz weit draußen, erkennst du eine Bewegung, einen braun-grauen Schatten... Du stehst still, bist noch stiller und ruhiger, und beobachtest gespannt, was das wohl sein kann?... Mit jeder sanften Welle kommt der Schatten näher, und als er schon ganz nah ist, erkennst du im Wasser eine kleine Robbe... Die Robbe benutzt die Wellen, um damit zu spielen... Sie surft die Wellen an der Sandbank entlang, bevor diese brechen... Schlägt Purzelbäume im Wasser... Und hin und wieder hält sie inne, steckt ihren Kopf aus dem Wasser und schaut dich mit ihren großen Kulleraugen neugierig an... Du kannst in ihren Augen erkennen, dass sie sich pudelwohl fühlt... Und es genießt, voller Freude mit den Wellen zu spielen... Wenn Ihr euch so anschaut, wird dir vor Freude wieder ganz warm um dein Herz... Wie schön es sein muss, wie die Robbe im Wasser zu spielen... Du beobachtest weiter, wie sie sich in Ihrem Element tummelt...

Die kleine Robbe macht noch ein paar Purzelbäume, legt sich dann im Wasser auf die Seite und hebt eine ihrer Flossen, als ob sie dir zu winken wollte... Du winkst ihr zurück, deinem kleinen Freund im Meer... Dann taucht die Robbe ab und schwimmt davon... Du stehst still und schaust ihr nach... Spür noch einmal die Freude und die Ruhe in dir... Spüre die Kraft, die durch die Ruhe in dir entsteht...

Dann nimmst du deinen Stein und steckst ihn ein... Den Stein möchtest du gerne deinen Freunden und deiner Familie zeigen... Du gehst zu der hohen Düne zurück, zu der Treppe aus Holz... Fühl noch einmal den weichen Sand unter deinen Füßen... Bei jedem Schritt sinkst du ein bisschen ein und hinterlässt eine lange Spur...

Du bist an der Treppe angekommen und steigst sie nach oben... Zehn... Neun... Acht... Sieben... Sechs... Fünf... Vier... Drei... Zwei... Eins... Oben... Was für ein wundervoller Ausblick... Genieße das noch einmal ganz intensiv... Und schau dir noch einmal deine Spur im Sand unten am Strand an...

Ganz langsam kannst du mit deinen Gedanken wieder hierhin zurückkommen..., ganz langsam..., und in deinem eigenen Tempo... kehrst du mit deinem Fühlen und Denken
wieder zurück in diesen Raum...
Reck dich und streck dich...
Atme tief ein..., und aus...
Und du spürst weiterhin, wie viel Ruhe in dir ist..., und auch
die Kraft...
Du spürst, wie die Ruhe und die Kraft in dir stärker geworden sind...

Der Glück-See

Du machst es dir ganz bequem... Du reckst und streckst dich noch einmal... Atme einmal tief ein..., und wieder aus..., noch einmal ein..., und aus...

Du hörst vielleicht noch Geräusche hier in diesem Raum..., oder auch von draußen..., aber mit jedem Atemzug werden die Geräusche weniger wichtig..., und du spürst schon, wie du ruhiger wirst...

Wenn du möchtest, schließe die Augen..., und atme noch einmal tief ein..., und wieder aus...

Spüre ganz bewusst, wie du von der Unterlage, auf der du sitzt oder liegst, getragen wirst..., wie du über diese Unterlage mit der Erde, verbunden bist...

Spüre auch den Raum, der dich umgibt... und schützt... und dich mit dem großen weiten Raum über dir, dem Himmel, dem Universum, verbindet...

Du gehst im Regen spazieren ... Du bist warm angezogen, damit der frische Regen dir nichts anhaben kann und du dich wohl und warm fühlst...

Die Regentropfen spritzen, wenn Sie auf dem Boden oder in den Pfützen aufgetroffen sind, wieder etwas hoch... Die Regentropfen machen ein leises, trommelndes Geräusch, wenn sie auf dem Boden, den Wiesen, den Pfützen auftreffen... Du gehst weiter und der Regen wird weniger... Der Himmel, der zuvor mit dunklen, grauen schweren Regenwolken verhangen war, reißt langsam wieder auf... Du beobachtest, wie Wolke für Wolke, eine blaue Lücke im dichten Grau der Regenwolken entsteht...

Noch ein Stück mehr und die Sonne schiebt sich in das entstandene himmelblaue Fenster... Und vor dir siehst du nun den Anfang eines wunderschönen, bunten, strahlenden Regenbogens...

Du freust dich, dass der Regenbogen genau in diesem Moment für dich sichtbar wird, und du freust dich auch über die intensiv leuchtenden Farben des Regenbogens...

Du trittst ein Stück näher an den Regenbogen heran und berührst ihn mit der Hand...

Die Farben lassen deine Hand in den jeweiligen Farben aufleuchten und es kitzelt ein bisschen auf deiner Haut... Ein sehr angenehmes und freundliches Kitzeln und Kribbeln ist das...

Wenn du möchtest, dann kannst du dir nun eine Farbe aussuchen... Rot... Orange... Gelb... Grün... Türkis... Blau... Violett...

Stell dir diese Farbe (mit geschlossenen Augen) ganz intensiv, ganz stark vor... Und dann stell dich mitten unter den Regenbogen, als ob du in seiner Farbenpracht duschen wolltest... Der Regenbogen hat Zauberkräfte und lässt dich schweben... Und auf dem Strahl deiner Lieblingsfarbe schwebst du nun auf dem Regenbogen auf die andere Seite, an das andere Ende des Regenbogens...

Ganz sanft landest du, und freust dich über diese ungewöhnliche Art, zu reisen... An dem Ort, an dem du nun angekommen bist, sieht es so aus, wie an dem Ort, wo du herkommst... Aber doch ist es hier friedlicher und kraftvoller... Du schaust dich um und entdeckst, dass du an einer kleinen Waldlichtung gelandet bist... Hinter den Brombeerhecken schaut dir neugierig ein freundliches Gesicht entgegen... Du schaust auch neugierig zurück und lächelst die Gestalt an...

Es ist so friedlich hier... Es duftet nach Laub und Sonne... Du kannst ein paar Vögel singen hören... Eine wunderschöne Melodie, die du zu Hause bei dir im Wald so noch nie gehört hast... (Schließ die Augen) ... Genieß die Ruhe, die von diesem Ort ausgeht... Atme die Ruhe ein... Genieße die Kraft, die die Natur hier ausstrahlt, und mit jedem deiner Atemzüge wirst du noch ein Stück ruhiger... und kraftvoller... Du gehst auf die Gestalt zu und siehst, dass es ein Junge ist mit langen, glatten blonden Haaren... Die Ohren sind ungewöhnlich spitz und die Augen leuchten so wundervoll blau, wie kleine Edelsteine... Wenn ihr euch anblickt, dann wird dir ganz warm, denn du weißt, dass dieser kleine Begleiter dich immer beschützt... Er ist kein Mensch, sondern eine männliche Waldfee...

„Mein Name ist Gwain", spricht er zu dir, „und ich will dir ein Geheimnis zeigen."

Gwain und du, ihr fasst euch an den Händen und geht ein Stück durch den alten Wald... Bis zu einem See... Du siehst, wie klar der See ist... so klar, dass du auf dem Grund jeden einzelnen Kieselstein, jede Wasserpflanze und jeden Fisch erkennen kannst... Hier, an eurem geheimen Platz, ist es noch friedlicher... noch ruhiger...

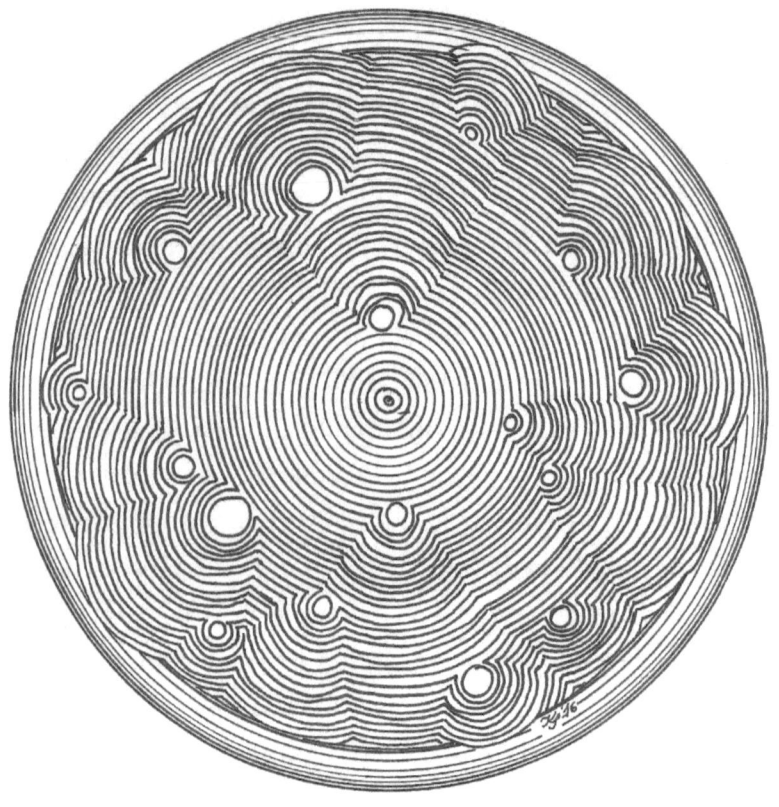

Gwain sagt:" Ich komme oft hierher... wenn ich mich über etwas besonders freue... Aber auch, wenn ich besonders traurig bin, oder ängstlich, dann setze ich mich hier an den See und denke nach. Dann betrachte ich die vielen Tiere, die darin leben. Oft finde ich einen besonders hübschen Stein, oder einen besonders schillernden Fisch, und dann

44

freue ich mich so sehr darüber, über die Wunder der Natur, dass darüber meine Ängste und Sorgen und meine Traurigkeit ganz unbedeutend werden...

Wenn du möchtest", sagt Gwain weiter, „Dann kannst du auch immer wieder hierhin kommen, zu dem Glück-See am Ende des Regenbogens... Wir können uns hier treffen und uns gegenseitig erzählen, was wir erlebt haben... Und wenn du mal traurig bist, dann bin ich für dich da und höre dir zu... Bin ich traurig, dann erzähle ich dir meine Sorgen... So sind wir füreinander da und sind sehr gute Freunde..."

Ihr nehmt euch wieder an den Händen und dein Herz macht einen kleinen Salto vor Freude, einen neuen Freund gefunden zu haben...

Eine kleine Weile steht ihr noch Hand in Hand am Ufer des türkisfarbenen Glück-Sees, dessen Oberfläche die Sonne und die Wolken am Himmel spiegelt... Du spürst noch einmal die Freundschaft zu Gwain... Und den Frieden an diesem Ort... Dann lauft ihr beiden mit raschelnden Schritten durch trockenes Laub zurück zu den Brombeerhecken... sch... sch... sch... machen eure Schritte...

An der Brombeerhecke angekommen, pflückt Gwain noch ein paar besonders große, reife und süße Brombeeren vom Strauch... Ihr teilt die Brombeeren miteinander... hmmmm - sind die süß... lecker!...

Und dann begleitet er dich zum Fuße des Regenbogens, wo du dir nun wiederum eine Farbe aussuchen kannst...Stell dich unter diesen Farbstrahl und stell dir vor, wie du die Farbe in dir aufnimmst... Wieder kribbelt es ein wenig, dir wird warm und die sanfte Rückreise auf dem Regenbogen beginnt...

Am hiesigen Ende des Regenbogens angekommen, genießt du noch einmal die leuchtende Farbenpracht... Erinnere dich noch einmal an deinen neuen Freund Gwain... Spür noch einmal ganz stark, ganz intensiv, die Ruhe und Stille in dir... und die Kraft...

Und ganz langsam kannst du mit deinen Gedanken wieder hierhin zurückkommen..., ganz langsam..., und in deinem eigenen Tempo... kehrst du mit deinem Fühlen und Denken wieder zurück in diesen Raum...

Reck dich und streck dich...

Atme tief ein..., und aus...

Und du spürst weiterhin, wie viel Ruhe in dir ist..., und auch die Kraft...

Du spürst, wie die Ruhe und die Kraft in dir stärker geworden sind...

Begegnung unter dem alten Baum

Du machst es dir ganz bequem… Du reckst und streckst dich noch einmal… Atme einmal tief ein…, und wieder aus…, noch einmal ein…, und aus…

Du hörst vielleicht noch Geräusche hier in diesem Raum…, oder auch von draußen…, aber mit jedem Atemzug werden die Geräusche weniger wichtig…, und du spürst schon, wie du ruhiger wirst…

Wenn du möchtest, schließe die Augen…, und atme noch einmal tief ein…, und wieder aus…

Spüre ganz bewusst, wie du von der Unterlage, auf der du sitzt oder liegst, getragen wirst…, wie du über diese Unterlage mit der Erde, verbunden bist…

Spüre auch den Raum, der dich umgibt… und schützt… und dich mit dem großen weiten Raum über dir, dem Himmel, dem Universum, verbindet…

Du gehst auf einer großen Blumenwiese… Es ist ganz früh am Morgen und die Sonne ist noch nicht aufgegangen… Du atmest die frische Luft tief ein…

Du gehst in Richtung Horizont, dort, wo der Himmel nun eine blassblaue Farbe annimmt… Du folgst weiter einem schmalen Pfad in der Wiese… Alles um dich herum ist still… Die Natur schläft noch… Du bleibst einen Moment stehen und genießt diese absolute Stille…

Es ist, als ob die Welt selbst sich einen Moment ausruht… Spür die Ruhe, wie sie bereits auch in dir größer wird…

Langsam gehst du weiter, die ersten Sonnenstrahlen machen sich bemerkbar und tauchen die Wiese plötzlich in ein goldenes Licht... Du kannst die ersten Sonnenstrahlen des Tages auf deinem Gesicht spüren... Warm vertreiben Sie die Kühle der Nacht... Golden tauchen sie auch dich in ein wunderschönes Licht...

Du erreichst nun ein Tor mit einem Schloss... Greif an deinen Hals... An einer Kette um deinen Hals hängt ein Schlüssel zu dem Tor...

Betrachte deinen Schlüssel und dein Tor ganz genau: wie sehen sie aus?... Vielleicht ist der Schlüssel golden und mit ganz vielen Edelsteinen verziert? ...Oder er ist schlicht und einfach aus Metall, und ganz winzig klein... Das Tor kann ein einfaches Gartentor aus Holz sein... oder ein silbernes Tor, mit vielen bunten Blumen berankt... Nur du kannst dein Tor sehen... Es ist ganz allein dein Tor und du hast den Schlüssel dazu...

Du schließt auf, gehst hindurch und schließt hinter dir wieder ab...

Die Wiese hinter deinem Tor ist noch grüner, und überall zwischen den grünen Gräsern wachsen bunte Blumen...

Es duftet nach Wiese, Blumen, Wildkräutern und ein wenig nach Honig... Hmmm - wie das duftet...

Die Sonne steigt weiter und die Natur auf deiner Wiese erwacht... Du siehst Bienen, die emsig Nektar für Honig sammeln, ... Du hörst ihr emsiges Summen... Hier und da siehst du einen Käfer, der ein Blütenblatt trägt... Du beobachtest, wie die Käfer sich ihren Weg zwischen den Pflanzenstengeln suchen...

Du schließt die Augen und genießt diesen Moment... Die Ruhe... Die Wärme der Sonne... Den Duft der Wiese und der Blumen... Und du spürst, wie die Ruhe dir Kraft gibt... Genieße diesen Moment... Nimm die Ruhe und die Kraft in dir ganz bewusst wahr...

Du gehst weiter und erreichst nach einiger Zeit einen großen alten Baum... Der Baum ist so groß und dick, dass du es
nicht schaffst, ihn mit deinen Armen ganz zu umfassen...Du
versuchst es dennoch und umarmst den Baum... Hältst ihn
fest... Die Rinde fühlt sich warm an... Der Baum duftet nach
Holz und Blättern...
Du blickst durch das grüne Blätterdach, durch das hier und
da kleine, feine vorwitzige Sonnenstrahlen bis auf dein Gesicht dringen und dich an der Nase kitzeln... Umarme den
Baum noch einmal... fest... und spüre, was passiert... Es fühlt
sich an, als sei dein Herzchen ein bisschen leichter geworden... Es ist, als hätte der Baum dir alle deine Ängste, Sorgen und Probleme abgenommen... Du lächelst und freust
dich über dieses Gefühl der Unbeschwertheit... Dein ganzer
Körper fühlt sich leicht an...

Dann setzt du dich an den Fuß des Baumes...
Beobachtest eine Ameisenstraße... Die Ameisen tragen Blät-
ter- und Blütenteile zu ihrem Ameisenbau... Ob die Ameisen
sich auch so glücklich und leicht fühlen wie du?

Über dir, hoch oben im Baumwipfel raschelt es... Du schaust in die Richtung, aus der das Rascheln kommt, und du entdeckst...: ein Eichhörnchen!... Emsig klettert es in der Baumkrone von einem Zweig zum anderen, springt kreuz und quer... Voller Vertrauen, dass es den nächsten Ast schon sicher erreichen und greifen wird... Es klettert zu dir herunter, setzt sich auf deine Schulter... Das Eichhörnchen ist so leicht, du spürst es kaum... Nur das Kitzeln seiner weichen Nase an deiner Wange kannst du spüren... Es fühlt sich an, als wolle es dir etwas ins Ohr flüstern...

Es lässt sich von dir streicheln, und du fühlst das weiche Fell, den kleinen, leichten, aber wendigen Körper des kleinen Eichhörnchens... Dann springt es auf deine Knie, blickt dich noch einmal mit seinen großen dunklen Augen an... Spür die Wärme und das Vertrauen, die in diesem Blick liegen... Dann klettert es am Stamm wieder nach oben in die Krone... Du bleibst noch einen Augenblick sitzen und genießt das Gefühl der Ruhe... der Geborgenheit... des Vertrauens...

Ganz langsam kannst du mit deinen Gedanken wieder hierhin zurückkommen..., ganz langsam..., und in deinem eigenen Tempo… kehrst du mit deinem Fühlen und Denken wieder zurück in diesen Raum...

Reck dich und streck dich…

Atme tief ein..., und aus...

Und du spürst weiterhin, wie viel Ruhe in dir ist…, und auch die Kraft… Du spürst, wie die Ruhe und die Kraft in dir stärker geworden sind…

Die Reise mit dem Delphin

Du machst es dir ganz bequem... Du reckst und streckst dich noch einmal... Atme einmal tief ein..., und wieder aus..., noch einmal ein..., und aus...

Du hörst vielleicht noch Geräusche hier in diesem Raum..., oder auch von draußen..., aber mit jedem Atemzug werden die Geräusche weniger wichtig..., und du spürst schon, wie du ruhiger wirst...

Wenn du möchtest, schließe die Augen..., und atme noch einmal tief ein..., und wieder aus...

Spüre ganz bewusst, wie du von der Unterlage, auf der du sitzt oder liegst, getragen wirst..., wie du über diese Unterlage mit der Erde, verbunden bist...

Spüre auch den Raum, der dich umgibt... und schützt... und dich mit dem großen weiten Raum über dir, dem Himmel, dem Universum, verbindet...

Du läufst einen weißen Sandstrand entlang... Die Sonne scheint und du kannst die Sonnenstrahlen spüren, wie sie dein Gesicht, deine Arme und deine Beine wärmen... Das Meer ist ruhig, klar und dunkelblau, und hin und wieder kommt eine kleine Welle auf den Strand gerauscht und umspült deine nackten Füße... Außer dem leichten Rauschen des Wassers hörst du kein Geräusch... Nimm die Stille ganz in dir auf... Spür, wie angenehm das Wasser ist... Das Meer riecht nach Salz... Du gehst ein wenig weiter ins Meer hinein, bis deine Füße und deine Unterschenkel im Wasser sind... Es ist gar nicht kalt... Und du spürst die Bewegungen der kleinen Wellen auf deiner Haut... Am Horizont erkennst du eine Bewegung im Wasser, du bleibst still stehen und beobachtest, was auf dich zu geschwommen kommt... Was für eine Überraschung!... Es ist ein Delphin... Das letzte Stück schwimmt er ganz behutsam zu dir, um dich nicht nass zu spritzen... Du hast keine Angst, denn du spürst, dass der Delphin dein Freund ist und mit dir spielen möchte...

Der Delphin kommt näher und stupst dich mit seinem Maul vorsichtig an... Du streichst über seine Haut, die zwar glatt und glänzend aussieht, aber sich ein wenig rau anfühlt... Seine Haut fühlt sich außerdem warm an... Du hältst dich an seiner Rückenflosse fest und er schwimmt ein Stück mit dir ins Meer... Du freust dich, dass du einen so besonderen Spielgefährten gefunden hast... Vor Freude und Aufregung klopft dein Herz ganz stark... So stark, dass du es nicht nur spüren, sondern sogar hören kannst...Aber du hast keine Angst... Du vertraust dem Delphin völlig... Der Delphin zieht noch ein paar Kreise mit dir, dann taucht er mit dir ab, in das klare, blaue Wasser...

Erstaunt stellst du fest, dass du auch unter Wasser Luft bekommst... Spür, wie wunderbar das ist, sich von dem Delphin weiter und weiter in die Tiefen des Meeres ziehen zu lassen...

Am tiefen Grund siehst du nun etwas glitzern und leuchten... Ihr erreicht eine Stadt unten am Grund des Meeres...Die Häuser sind aus Glas und Kristallen gebaut und mit Kristallen und Edelsteinen besetzt... Vor einem besonders hübschen kleinen Haus hält der Delphin an und schiebt dich mit seiner Nase behutsam auf die Eingangstüre zu...

Die Türe geht auf und du trittst ein... Wie schön das hier ist... Und wie still und friedlich sich das am Grunde des Meeres und ganz besonders in dem kleinen Häuschen anfühlt... Das ist dein Haus... Hier bist du daheim... Hier ist deine Seele zu Hause... Vor Freude fängst du an zu tanzen, und gleichzeitig kannst du eine wunderschöne Melodie hören, die überall an diesem besonderen Ort zu sein scheint... So schön, dass es dir um dein Herzchen ganz warm wird... Du tanzt weiter und staunst, dass du so gar nicht müde wirst... Und immer wieder freust du dich und bist dankbar, diesen Platz entdeckt zu haben... Nach einer Weile setzt du dich hin und betrachtest noch einmal ganz aufmerksam dein Haus von innen... Und spürst die Freude und Ruhe in dir...

Der Delphin kommt durch die Tür geschwommen – nun ist es wieder Zeit aufzubrechen... Schau dich noch einmal um... Betrachte die Wände, den Boden und die Fenster genau... Die Farbe der Kristalle rund um das Fenster... Das Licht in deinem Haus... Spür noch einmal die Ruhe und Freude in dir... und die Kraft... Lausche noch einmal dieser wunderschönen Melodie... Dann hältst du dich wieder an der Rückenflosse des Delphins fest, und er zieht dich durch den Ozean wieder zurück an die Oberfläche... Du siehst, wie das Wasser über euch türkisfarbener, heller wird... Die Musik ist mit deinen Ohren nicht mehr zu hören, aber in deinem Herzen spürst du diese einzigartige Melodie noch deutlich klingen...

Am Strand angekommen streichst du dem Delphin voller Dankbarkeit noch einmal über den Rücken und über die Nase... Er schnattert dich freundlich an, legt sich dann auf den Rücken und schwimmt aufs offene Meer zurück...

Du setzt dich in die wärmende Sonne am weißen Strand, und siehst ihm zu, wie er Saltos in der Luft macht und in großen Bögen nach und nach am Horizont verschwindet... Genieß noch einen Moment die Ruhe... Spür noch einmal ganz intensiv die Kraft, die von diesem Platz und dem Ozean ausgeht... Dann stehst du langsam auf und gehst zurück...

Und ganz langsam kannst du mit deinen Gedanken wieder hierhin zurückkommen..., ganz langsam..., und in deinem eigenen Tempo… kehrst du mit deinem Fühlen und Denken wieder zurück in diesen Raum...

Reck dich und streck dich…

Atme tief ein..., und aus...

Und du spürst weiterhin, wie viel Ruhe in dir ist, … und auch die Kraft…

Du spürst, wie die Ruhe und die Kraft in dir stärker geworden sind…

Begegnung im Winterwald

Du machst es dir ganz bequem... Du reckst und streckst dich noch einmal... Atme einmal tief ein..., und wieder aus..., noch einmal ein..., und aus...

Du hörst vielleicht noch Geräusche hier in diesem Raum..., oder auch von draußen..., aber mit jedem Atemzug werden die Geräusche weniger wichtig..., und du spürst schon, wie du ruhiger wirst...

Wenn du möchtest, schließe die Augen..., und atme noch einmal tief ein..., und wieder aus...

Spüre ganz bewusst, wie du von der Unterlage, auf der du sitzt oder liegst, getragen wirst..., wie du über diese Unterlage mit der Erde, verbunden bist...

Spüre auch den Raum, der dich umgibt... und schützt... und dich mit dem großen weiten Raum über dir, dem Himmel, dem Universum, verbindet...

Du stapfst durch hohen Schnee... Es schneit dicke Schneeflocken vom Himmel... Die Landschaft um dich ist wie mit Zuckerguss überzogen... Spüre, wie einzelne Flocken auf deinem Gesicht landen... Spür die Kälte jeder einzelnen Flocke auf deinen Wangen, deiner Nase, deinen Wimpern... Und wie sie dann auf deiner warmen Haut schmelzen... Die Luft ist kalt... Sie riecht nach Tannengrün und Schnee... Um dich herum ist es still... Ganz still... Der Schnee verschluckt jedes Geräusch... Nur das leichte Knirschen deiner Schritte im Schnee kannst du gedämpft hören... Genieße mit geschlossenen Augen diese Stille und Ruhe, die sich nun auch in deinem Inneren ausbreitet... Immer weiter ausbreitet, bis auch die letzte Fingerspitze, bis die letzte Fußspitze von Ruhe und Wärme erfüllt ist...

Du erreichst einen Tannenwald, und der Schnee liegt dick und schwer auf den Bäumen... Die Äste biegen sich unter der Last des Schnees nach unten... Du zupfst an einem Ast und beobachtest, wie die Schneelast herunterpurzelt und einen kleinen Schneehaufen unter der hohen Tanne hinterlässt... Im Schnee vor dir kannst du Spuren erkennen, die nach und nach zugeschneit werden... Du folgst den kleinen Spuren, die von einem Tier stammen müssen, tiefer in den Wald hinein...

Es hört auf zu schneien, und nach und nach lockern die Wolken auf... Du schaust den letzten Schneeflocken zu, wie sie auf den Boden oder auf die Äste der Tannen schweben... Die Sonne schiebt sich durch die Wolken und taucht die Landschaft und den Weg vor dir in ein goldenes Licht... Der Weg vor dir sieht aus, wie aus goldenem und silbernen Glitzer... Als ob jemand großzügig Diamanten, Silber- und Goldstückchen auf den Weg gestreut hätte...

Du bleibst stehen und staunst über diese glänzende Pracht... Dann gehst du weiter, den glitzernden Weg entlang... Deinen Weg entlang... Die Spuren vor dir im Schnee verschwinden nach rechts zwischen zwei großen Tannen... Neugierig folgst du ihnen, ... ganz langsam, ... ganz still und leise... Auf einer Lichtung, eingetaucht in goldenes Licht, steht ein junges kleines Reh... Sein Fell leuchtet golden im warmen Sonnenlicht... Es sucht Futter unter der dichten Schneedecke... Nun hat es dich bemerkt... Du bist ganz aufmerksam und ruhig, um es nicht zu erschrecken... Das Rehkitz bemerkt dich, und schaut dich mit seinen großen braunen Augen an... Voller Vertrauen... Ganz langsam und ruhig und kraftvoll gehst du auf das Rehkitz zu... Spür die große Ruhe in dir... Und die Freude darüber, dass das scheue Tier dir vertraut und nicht fortläuft... Nun bist du so nah, dass du es berühren kannst... Das Fell ist weich, und das Reh kommt ein Stück näher zu dir, so dass du seinen ganzen Rücken und Hals streicheln kannst... Und dann legt es seine weiche Nase in deine Hand... Das ist seine Art, dir zu zeigen, wie gerne es dich hat, ... wieviel Vertrauen es hat, ... und wie dankbar es ist, dass du es so liebevoll streichelst... Spür die Dankbarkeit und Freude auch in dir... Spür, wie dein Herzchen warm und weit wird, und wie die Ruhe und Kraft noch stärker in dir werden... Nimm dir einige Augenblicke Zeit und spür die Wärme und Dankbarkeit in deinem Bauch...

Du streichelst das zierliche Reh noch einige Male am Hals, am Rücken, über den Kopf und an der weichen Nase... Nach einer Weile stupst es dich zum Abschied mit der Nase an und läuft durch den glitzernden Schnee davon... Du schaust dem Rehkitz noch eine Weile nach, ... fühl noch einmal das Vertrauen, die Dankbarkeit, die Freude, die Ruhe und die Kraft... Deine Handflächen sind ganz warm, schau sie an...

Deine Handinnenflächen leuchten und glitzern golden... Sie glitzern und leuchten, so, wie das Fell deines kleinen zutraulichen Freundes in der Sonne leuchtet... So, wie dein Weg durch den Schnee glitzert... So, wie auch dein Herzchen strahlt, glitzert und leuchtet... Genieße diesen Moment... Spür noch einmal die Wärme und Kraft in dir, in deinem Herzen, deinem Bauch und in jedem Winkel deines Körpers... Dann drehst du dich um und gehst entlang deiner Spuren durch den tiefen weichen Schnee wieder zurück... Die Ruhe und Kraft bleiben weiter in dir...

Ganz langsam kannst du mit deinen Gedanken wieder hierhin zurückkommen..., ganz langsam..., und in deinem eigenen Tempo... kehrst du mit deinem Fühlen und Denken wieder zurück in diesen Raum...
Reck dich und streck dich...
Atme tief ein..., und aus...
Und du spürst weiterhin, wie viel Ruhe in dir ist..., und auch die Kraft...
Du spürst, wie die Ruhe und die Kraft in dir stärker geworden sind...

Nachtspaziergang

Du machst es dir ganz bequem... Du reckst und streckst dich noch einmal... Atme einmal tief ein..., und wieder aus..., noch einmal ein..., und aus...

Du hörst vielleicht noch Geräusche hier in diesem Raum..., oder auch von draußen..., aber mit jedem Atemzug werden die Geräusche weniger wichtig..., und du spürst schon, wie du ruhiger wirst...

Wenn du möchtest, schließe die Augen..., und atme noch einmal tief ein..., und wieder aus...

Spüre ganz bewusst, wie du von der Unterlage, auf der du sitzt oder liegst, getragen wirst..., wie du über diese Unterlage mit der Erde, verbunden bist...

Spüre auch den Raum, der dich umgibt... und schützt... und dich mit dem großen weiten Raum über dir, dem Himmel, dem Universum, verbindet...

Du gehst an einem kleinen Bach entlang, der sich über eine Wiese schlängelt... Es ist Nacht... Und dennoch kannst du die Landschaft um dich herum und den Pfad, auf dem du gehst, gut erkennen... Schau nach oben an den Himmel... Dort steht der helle Mond und taucht dein Gesicht in ein silbernes Licht... Der Mond scheint heute so hell und der Himmel ist so klar, dass du alles um dich herum sehr gut erkennen kannst... Alles um dich herum leuchtet silbrig... Es ist still, die Natur schläft... Falls du sie nicht geschlossen hast: Schließ nun die Augen und konzentriere dich auf diese

Stille... Wie schön das ist... Ganz automatisch wird es auch in dir still und ruhig... Die Gedanken kommen zur Ruhe... Ganz still ist es in deinem Kopf... Atme die angenehm frische Nachtluft ein... Sie riecht ein wenig nach Tautropfen und Gras... Und nun, da es in dir selbst ganz still geworden ist, kannst du das ganz leise Gluckern des Wassers im Bach hören... Du betrachtest das Wasser, wie es wie ein feiner silbriger Strom, über Steine und Wasserpflanzen fließt... Weiter und weiter... Immer weiter, bis der Bach zu einem Fluss wird, zu einem Strom und schließlich ins Meer mündet... Unermüdlich fließt er... Ruhig... Und kraftvoll...

Dort, wo du jetzt gehst, ist er noch schmal... Und du kannst im silbrigen Wasser hier und da einen Fisch oder einen Krebs erkennen... Die Tiere bewegen sich nicht... Ob sie schlafen?... Ob Fische oder Krebse das Rauschen des Wassers auch hören können und es so beruhigend finden wie du?... Du gehst noch ein Stück weiter den Bach entlang bis zu einer Stelle, wo er etwas breiter wird, so wie ein kleiner See...

Das Wasser auf der Oberfläche des Sees ist so still, dass sich der Mond und die Sterne darin spiegeln... Viele unzählige Sterne spiegeln sich da...Sie glitzern und funkeln wie kleine Diamanten auf einem samtblauen Kissen... Du stehst still da und genießt diesen Lichterglanz im See... und am Himmel... Und in dem Moment spürst du, wie unendlich groß der Himmel ist..., und dass du ein Teil dieses Wunders aus Licht und Glanz bist... Und du fühlst, wie dir vor Freude und Stolz ganz warm im Bauch und um dein Herzchen wird... Am anderen Ende des Sees, dort wo der Bach sich dann weiter durch die Wiesen zum Fluss und weiter zum Meer schlängelt, steht eine alte Weide...

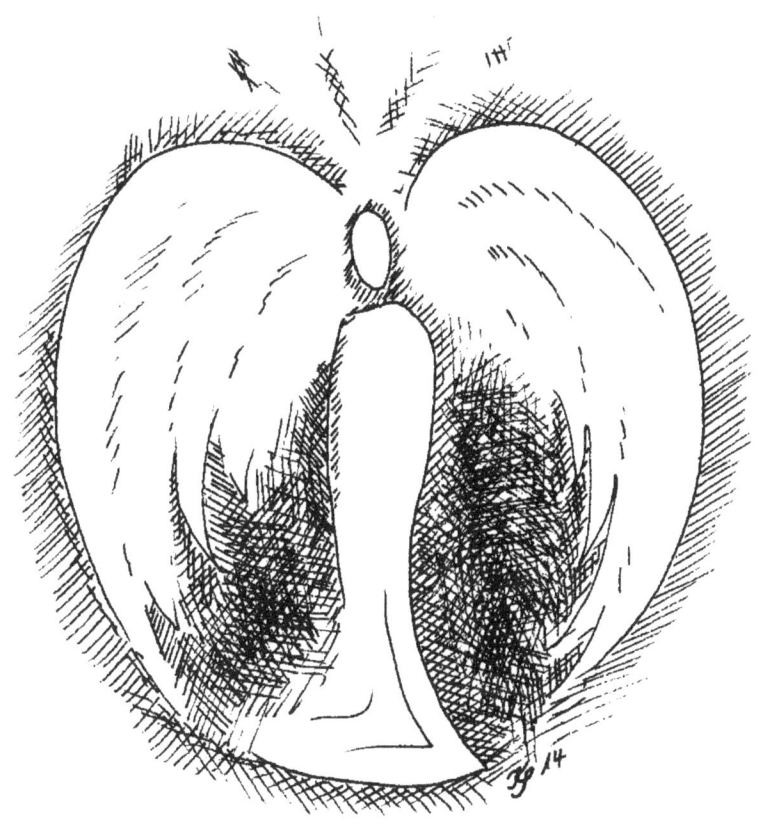

Groß und majestätisch steht sie da, mit ihrem dicken Stamm und ihren langen, bis ins Wasser hängenden Zweigen... Hinter dem Vorhang aus schmalem Blätterwerk leuchtet ein sanftes Licht... Du gehst zum Baum... Langsam, ruhig und ganz ohne Angst... Schiebst die Blätter ein kleines Stück beiseite und siehst dort, am Fuße des Baumes einen strahlenden Engel sitzen...

„Komm näher" spricht der Engel dich an „und setz dich ein bisschen zu mir!" Voller Ehrfurcht stehst du zunächst da und staunst über seine großen mächtigen Flügel, die strahlend silbrig-weiß glänzen... Dann gehst du zu dem Engel hin und setzt dich neben ihn – er leuchtet in einer ganz besonderen Farbe – schau dir dieses farbige Licht, das den Engel umgibt, genau an...

Das Gesicht des Engels ist wunderschön... Er lächelt dir aufmunternd zu und zeigt auf den Platz an seiner rechten Seite...Als du neben ihm sitzt, angelehnt an den dicken Stamm der alten Weide, umhüllt diese Farbe auch dich, wie eine Decke aus Licht, und du fühlst dich wohl... entspannt... ruhig... kraftvoll... Alle Unruhe...Angst... Zweifel... fallen von dir ab, denn du spürst: hier bin ich behütet... Hier kann mir nichts passieren... Wie gut sich das anfühlt... Der Engel legt seinen Arm um dich und breitet seinen Flügel wie ein Dach über dir aus... Schließ die Augen und fühle dieses Gefühl der Geborgenheit, ... des Beschütztseins, ... fühle, wie sehr du geliebt wirst... Und fühle, wo in deinem Körper diese Gefühle sitzen... und wie genau sie sich anfühlen... Ist es ein Gefühl der Wärme?... Oder ein Kribbeln?... Und je mehr du diese Gefühle fühlst, umso größer wird deine Ruhe..., umso größer wird deine innere Kraft...

Nach einer kleinen Weile löst der Engel seine Umarmung, aber das Gefühl der Stärke, der Ruhe und der Liebe bleibt ganz stark in dir... „Nun muss ich gehen" spricht der Engel mit seiner angenehmen sanften Stimme „aber, wenn du möchtest, kannst du mich immer wieder hier besuchen. Am See bei der Weide. Denk' an mich, die Farben meines Leuchtens, und ich werde da sein, denn ich bin dein Schutzengel!" Dann geht er, breitet seine mächtigen Schwingen aus und fliegt hinaus in den unendlichen Nachthimmel...

Neben dir liegt eine weiße Feder im Gras, eine Feder, die mit einem farbigen Leuchten umgeben ist...

Du lächelst, nimmst die Feder, stehst auf und gehst den Bachlauf zurück..., in die Richtung, aus der du gekommen bist... Zurück ins hier und jetzt... Aber die Ruhe und die Kraft sind weiter ganz stark in dir...

Und ganz langsam kannst du mit deinen Gedanken wieder hierhin zurückkommen..., ganz langsam..., und in deinem eigenen Tempo… kehrst du mit deinem Fühlen und Denken wieder zurück in diesen Raum...

Reck dich und streck dich…

Atme tief ein..., und aus...

Und du spürst weiterhin, wie viel Ruhe in dir ist..., und auch die Kraft...

Du spürst, wie die Ruhe und die Kraft in dir stärker geworden sind...

Dem Himmel ganz nah

Du machst es dir ganz bequem… Du reckst und streckst dich noch einmal… Atme einmal tief ein…, und wieder aus…, noch einmal ein…, und aus…

Du hörst vielleicht noch Geräusche hier in diesem Raum…, oder auch von draußen…, aber mit jedem Atemzug werden die Geräusche weniger wichtig…, und du spürst schon, wie du ruhiger wirst…

Wenn du möchtest, schließe die Augen…, und atme noch einmal tief ein…, und wieder aus…

Spüre ganz bewusst, wie du von der Unterlage, auf der du sitzt oder liegst, getragen wirst..., wie du über diese Unterlage mit der Erde, verbunden bist...

Spüre auch den Raum, der dich umgibt... und schützt... und dich mit dem großen weiten Raum über dir, dem Himmel, dem Universum, verbindet...

Du gehst durch einen Wald... Der schmale Pfad führt an einem Bachlauf entlang und du hörst das Wasser über die Steine rauschen... Die Luft ist frisch und klar, du kannst den Duft von Harz und Tannen riechen... Atme tief ein... Wie gut das tut, so saubere, frische Luft zu atmen... Du folgst dem Pfad weiter, der Strömung des Baches entgegen... Hin und wieder stehlen sich einzelne vorwitzige Sonnenstrahlen bis auf den Boden des Waldes und bis zum Bach, und tanzen auf dem Wasser... Nach einer Biegung erreichst du eine flache Stelle... Hier liegen größere flache Steine im Bachbett... Du trittst auf diese Steine und gelangst so an die andere Seite das Baches, an den Fuß eines steilen Hangs... Langsam, mit sicheren Schritten kletterst du den schmalen und steilen Pfad hinauf, weiter durch den dichten Wald... Achte genau und konzentriert auf deine Schritte, damit du nicht über die dicken knorrigen Baumwurzeln stolperst, die den Pfad kreuzen...

Nach einer Weile kommst du an einen großen Felsen, den du umrundest, und auf den du dich nun setzen kannst, um etwas auszuruhen... Es ist so still hier, nur hin und wieder streichelt der Wind die Baumwipfel über dir, und du kannst ein leises Rauschen hören... Ganz weit unter dir hörst du auch noch das ganz leise Gurgeln des Wassers...

Du genießt die Stille, die sich auch in dir mehr und mehr ausbreitet... Du fühlst dich kraftvoll, und du hast schon ein ganzes Stück des Weges geschafft... Wo er dich wohl hinführt? Neugierig stehst du nach deiner Rast auf und gehst weiter... Immer weiter steil bergauf... Es ist anstrengend, aber zu schaffen, wenn du auf dein Tempo achtest... Nicht zu schnell... nicht zu hastig... ganz achtsam setzt du einen Schritt vor den anderen und spürst, ob du noch eine Pause brauchst oder ob du weiterziehen kannst... Ein gutes Gefühl macht sich in dir breit: du kennst deine Grenzen... du weißt am besten, was dir gut tut... Spür die Kraft in dir und die Ruhe...

Nach einer Weile lichtet sich der Wald... Du trittst hinaus auf eine Wiese, in den Sonnenschein... Spür die Wärme der Sonne auf deinem Gesicht... Atme den Duft der Bergwiese ein... Setz dich einen Augenblick auf die Wiese, schließe die Augen und freu dich über diesen Augenblick... Du gehst weiter auf dem Pfad über die Wiese... Sie ist nicht so steil. Du kommst gut voran, bis zu einem zweiten Waldabschnitt... Hier stehen die Bäume nicht besonders dicht, und der Hang ist außerdem mit Felsbrocken durchsetzt... Vorsichtig kletterst du voran... Der Berg ist hier so steil, dass sich der Pfad in Serpentinen hinaufwindet... Höher und höher... Und je höher du steigst, um so stiller, um so ruhiger wird es in dir... Und obwohl du schon so weit gegangen bist, spürst du dennoch, wie mit jedem Schritt die Kraft in dir größer wird... Die letzten Bäume liegen hinter dir, und nun ist es nur noch ein kleines Stück bis zum Gipfel... Schritt für Schritt... Und dann bist du oben angekommen... Die Freude in dir wächst... Spür die Freude in dir... Und dein Stolz, es ganz alleine bis hier geschafft zu haben... Darüber, dass du so weit und so hoch gekommen bist... Von hier hast du eine Aussicht über die gesamte Landschaft um dich herum... Der Himmel ist klar und die Sicht ist gut und du kannst zu jeder Seite hinab blicken... Es ist wunderschön hier oben...

Aus der Ferne siehst du einen Schatten auf dich zu schweben... Ein großer Adler hält auf den Gipfel zu, auf dem du stehst... Wie majestätisch er im Wind segelt... Er umkreist dich einmal und landet dann sanft und beherrscht neben dir... Er beugt seinen gewaltigen Kopf ein wenig zu dir herunter, so dass du auf seinen Rücken steigen kannst... Dann hebt er wieder ab... Er fliegt mit dir hoch in der Luft, spür den Wind, wie er dir in die Haare fährt... Spür, wie kraftvoll und wie ruhig der Adler durch die Lüfte segelt...

Nach ein paar Runden segelt er mit dir in Richtung Tal, in Richtung Bach... Dort, wo du den Bach überquert hast, ist eine Lichtung im Wald... Dort landet er, lässt dich absteigen und fliegt wieder davon... Du blickst ihm nach, wie er in der Ferne am Himmel verschwindet... Und spürst noch einmal, wie stark die Ruhe in dir geworden ist... Und wie groß die Kraft ist...

Ganz langsam kannst du mit deinen Gedanken wieder hierhin zurückkommen..., ganz langsam..., und in deinem eigenen Tempo... kehrst du mit deinem Fühlen und Denken wieder zurück in diesen Raum...
Reck dich und streck dich…
Atme tief ein..., und aus...
Und du spürst weiterhin, wie viel Ruhe in dir ist…, und auch die Kraft…
Du spürst, wie die Ruhe und die Kraft in dir stärker geworden sind…

Dein Platz unter dem Baum

Du machst es dir ganz bequem... Du reckst und streckst dich noch einmal... Atme einmal tief ein..., und wieder aus..., noch einmal ein..., und aus...

Du hörst vielleicht noch Geräusche hier in diesem Raum..., oder auch von draußen..., aber mit jedem Atemzug werden die Geräusche weniger wichtig..., und du spürst schon, wie du ruhiger wirst...

Wenn du möchtest, schließe die Augen..., und atme noch einmal tief ein..., und wieder aus...

Spüre ganz bewusst, wie du von der Unterlage, auf der du sitzt oder liegst, getragen wirst..., wie du über diese Unterlage mit der Erde, verbunden bist...

Spüre auch den Raum, der dich umgibt... und schützt... und dich mit dem großen weiten Raum über dir, dem Himmel, dem Universum, verbindet...

Du gehst barfuß auf einem schmalen Pfad auf einer großen weiten saftig grünen Sommerwiese... Überall zwischen dem Wiesengras stehen bunte Blumen in Gruppen zusammen... Atme den Duft der Wiese ein... Wie gut das riecht... Im Vorbeigehen bewunderst du die Farben- und Formenvielfalt der Blumen und Wildgräser... Emsige Insekten sirren und summen über die Wiese... Die Sonne scheint und es ist angenehm warm... Spür die Wärme der Sonnenstrahlen auf deinem Gesicht, deinen Armen, deiner Brust... Spür den

Pfad unter deinen Füßen... Wie fühlt sich das an unter deinen Füßen?...

Du spürst, wie alle Gedanken und Sorgen nun nach und nach immer unwichtiger werden... Was jetzt zählt ist der Moment... Und du spürst, wie Ruhe und Entspannung in dir wachsen..., und mit der Ruhe kommt auch die Kraft...

Während du den Pfad entlangschreitest, die Sonne genießt und dem emsigen Treiben der Insekten zusiehst, entsteht vor dir ein Regenbogen...

Bleib stehen und beobachte, wie sich der Regenbogen an seinem Anfang, unmittelbar vor dir, weiter ausdehnt... In einem hohen Bogen formt er sich zu einem Halbrund... Die Farben des Regenbogens sind leuchtend intensiv... Du trittst ganz nah an ihn heran und greifst nach ihm... Es prickelt ein wenig, und deine Hand wird warm, aber es ist ein sehr angenehmes Gefühl... Nun berührst du eine Farbe nach der anderen mit deinen Händen... Zuerst das violett leuchtende Licht... Berühr die Farbe und spür, wie der Farbstrahl auf deinen Handflächen tanzt... Es fühlt sich an, als würde der Farbstrahl über deine Handflächen in deine Arme fließen... ... Gehe dann über zur nächsten Farbe: Indigo, das ist ein tiefes strahlendes Blau... Auch hier spüre wieder dem Fluss der Farbe hinterher... Nun zum Hellblau... ... ... Zum leuchtenden grün... ... ... Nun zum gelben Farbstrahl... Warm fließt es durch deine Handflächen in deine Arme... Als nächstes kommst du zum Orange... ... ... Und schließlich zum roten Teil des Regenbogens...

Du gehst einen Schritt nach vorne und stehst nun mitten unter dem Regenbogen... Mitten in der leuchtenden Farbpracht... Es fühlt sich an, wie eine angenehme sanfte Dusche... Und nicht nur äußerlich wirkt das Licht, auch dein Inneres füllt sich nach und nach mit den vielfältigen Farbnuancen des Regebogens an... Genieße dieses Geschenk...

Und spür, wieviel größer die Ruhe und die Kraft in dir geworden sind... Spür genau hin, wo die Ruhe und die Kraft in deinem Körper sitzen... Und wie sie sich anfühlen...

Dein Körper wird leicht und du fängst an, im Licht des Regenbogens nach oben zu schweben, den gesamten Regenbogen entlang, bis an sein anderes Ende... Deine Reise endet unter einem großen alten Baum...

Nimm dir Zeit, den Baum genau zu betrachten... Wie erscheint seine Rinde... Welche Form und Farbe haben seine Blätter... Mache dich mit dem Platz unter dem Baum vertraut...

Hier fühlst du dich ganz geborgen und geschützt... Hier bist du du selbst...

Möglicherweise findest du etwas unter dem Baum... da kann ein Buch sein... Oder ein besonderer Talisman... Es können auch sehr große Gegenstände sein, wie zum Beispiel ein antiker Sekretär mit Schriftrollen, Landkarten und Bildern...

Nimm dir die Zeit und die Ruhe, dich mit deinem Platz unter deinem persönlichen individuellen Baum vertraut zu machen und beobachte, was dort geschieht ...

Nun ist die Zeit gekommen, dich von deinem Platz unter deinem Baum zu verabschieden... Spür noch einmal intensiv die Stille und Ruhe in dir, die du insbesondere an diesem Ort spüren konntest... Spüre die Kraft, die du sammeln konntest... Nimm das, was du dort erlebt hast, gefühlt hast und gesehen hast, mit auf die Reise... Vielleicht konntest du Antworten erhalten auf Fragen, die dich bewegen...

Und sei gewiss ... Du kannst jederzeit hierhin zurückkehren... Tritt wieder in den Regenbogen ein, der dich mit seinem Licht zurückbringt... Im hohen Bogen geht es zurück ins Hier und Jetzt, wo der Regenbogen dich sanft absetzt... Angekommen, spüre noch einmal die Farben auf deinem Gesicht, auf deinem Kopf, auf deinen Schultern... Rot, Orange, Gelb, Grün, Hellblau, Indigo, Violett...

Dann trittst du aus dem Regenbogen aus, der nach und nach verblasst, und gehst den Pfad auf der Blumenwiese wieder zurück...

Ganz langsam kannst du mit deinen Gedanken wieder hierhin zurückkommen..., ganz langsam..., und in deinem eigenen Tempo... kehrst du mit deinem Fühlen und Denken wieder zurück in diesen Raum...

Reck dich und streck dich…

Atme tief ein..., und aus...

Und du spürst weiterhin, wie viel Ruhe in dir ist…, und auch die Kraft...

Du spürst, wie die Ruhe und die Kraft in dir stärker geworden sind…

Dein großer Drachenfreund

Du machst es dir ganz bequem… Du reckst und streckst dich noch einmal… Atme einmal tief ein…, und wieder aus…, noch einmal ein…, und aus…

Du hörst vielleicht noch Geräusche hier in diesem Raum…, oder auch von draußen…, aber mit jedem Atemzug werden die Geräusche weniger wichtig…, und du spürst schon, wie du ruhiger wirst…

Wenn du möchtest, schließe die Augen…, und atme noch einmal tief ein…, und wieder aus…

Spüre ganz bewusst, wie du von der Unterlage, auf der du sitzt oder liegst, getragen wirst…, wie du über diese Unterlage mit der Erde, verbunden bist…

Spüre auch den Raum, der dich umgibt… und schützt… und dich mit dem großen weiten Raum über dir, dem Himmel, dem Universum, verbindet…

Du gehst barfuß auf einem schmalen Pfad auf einer großen weiten saftig grünen Sommerwiese… Überall zwischen dem Wiesengras stehen bunte Blumen in Gruppen zusammen… Atme den Duft der Wiese ein… Wie gut das riecht… Im Vorbeigehen bewunderst du die Farben- und Formenvielfalt der Blumen und Wildgräser… Emsige Insekten sirren und summen über die Wiese… Die Sonne scheint und es ist angenehm warm… Spür die Wärme der Sonnenstrahlen auf deinem Gesicht, deinen Armen, deiner Brust… Spür den

Pfad unter deinen Füßen... Wie fühlt sich das an unter deinen Füßen?...

Du spürst, wie alle Gedanken und Sorgen nun nach und nach immer unwichtiger werden... Was jetzt zählt, ist der Moment... Und du spürst, wie die Ruhe und Entspannung in dir wachsen..., und mit der Ruhe kommt auch die Kraft...

Du gehst weiter den Pfad entlang, die Wiese geht in einen leichten Hügel über... Geh weiter...

Am Horizont, auf der Spitze des sanften Hügels kannst du etwas erkennen... Es sieht aus wie ein Gebäude... Ein Haus... Du gehst weiter, kommst näher... Es ist eine Burg aus grauem Stein... Von den Zinnen der Türme wehen große bunte Fahnen... Du bist jetzt so nah, dass du die Farben der Fahnen gut erkennen kannst, und wie sie sanft im Wind wehen... Betrachte die Fahnen eine Weile... Sieh dir genau an, welche Farben sie haben... Erkennst du ein Bild oder ein Muster?... Betrachte, wie sie im Wind spielen und schwerelos zu sein scheinen... Auch in dir wird es immer leichter und ruhiger...

Du gehst weiter und kommst der Burg immer näher... Ein großer Wassergraben umgibt die Burg, aber eine Zugbrücke aus altem schweren Holz ist heruntergelassen... Du betrittst die Brücke... Spürst das warme Holz unter deinen Füßen... Riechst den Geruch von altem Holz... Du betrittst den Burghof, der groß und sonnig ist... Sieh dich um in deiner Burg... Betrachte die vielen kleinen Gebäude mit ihren Fenstern und Türen... Die Fensterrahmen, Fensterläden und Türen sind bunt angemalt... In der Mitte ist ein Brunnen... Nach deiner langen Wanderung bist du durstig, und du lässt einen Holzeimer an der Kurbel in den Brunnen herab, holst frisches Wasser nach oben... Und trinkst es in großen Schlucken... Wie gut das tut... Wie frisch das Wasser schmeckt... Es wirkt erfrischend auf dich, wie ein Zaubertrank, und du fühlst dich stark, kraftvoll und wach...

Am Fuße des höchsten Turmes kannst du eine Tür erkennen, die offen steht... Du betrittst den Turm, in dem du eine steinerne Wendeltreppe erkennen kannst, die nach oben führt... Die Stufen aus Stein sind kühl unter deinen Füßen... Auch die Luft im Turm ist kühler als im Hof... Stufe für Stufe folgst du der Wendeltreppe nach oben... ...Windung für Windung... ... Hin und wieder kommst du an kleinen Fenstern vorbei, an denen du die grüne Landschaft erkennen kannst... und wie weit du schon nach oben gestiegen bist... Nach einer ganzen Weile endet die Treppe auf der oberen Aussichtsplattform des Turmes... Du tauchst aus dem dämmerigen Licht der Wendeltreppe ein in den Sonnenschein und bist ein wenig vom hellen Licht geblendet... Du schließt deine Augen einen Augenblick, um nochmals die Wärme der Sonne auf deinem Gesicht zu spüren und zu genießen... Dann betrachtest du die weite Landschaft um dich herum: Wiesen, kleine Wälder, Seen und Flüsse... Am strahlend blauen Himmel siehst du etwas Helles auf dich zufliegen – ist es eine Wolke?... Nein, dafür ist es zu schnell... Es ist ein großer Drache, aber statt der glatten Schuppen-Haut hat er ein weiches langes Fell... Er hält auf den Turm zu und spricht zu dir: „Hab keine Angst, ich tue dir nichts... Ich möchte dich dazu einladen, mit mir zu kommen...“... „Komm, klettere vorsichtig auf meinen Rücken“...

Du sitzt auf, direkt hinter dem großen Kopf des weißen Drachen, wo du sicher und bequem sitzen kannst, hältst dich am langen Fell des Drachen fest, während der abdreht und sich mit dir noch höher in die Lüfte erhebt, bis die Burg nur noch als winzig kleiner Punkt unter euch zu erkennen ist...

Betrachte die weite der fruchtbaren Natur... Alles ist so friedlich... Und hier oben auf dem Rücken des Drachen fühlst du dich sicher, ... leicht... und geborgen...

Genieße den Flug und betrachte das, was du siehst, fühlst und erlebst ganz genau und aufmerksam...

Nach einer Weile spricht der Drache: „Nun ist die Zeit gekommen, uns zu verabschieden... Ich bringe dich zurück zu deiner Burg..."

Spür noch einmal intensiv die Stille, Ruhe und Leichtigkeit in dir, die du während eures Rundfluges spüren konntest... Spüre die Kraft, die du sammeln konntest... Nimm das, was du erlebt hast, gefühlt hast und gesehen hast mit auf die Reise...

Ihr nähert euch wieder der Burg, wo dich der Drache auf der Wiese vor dem großen Burgtor mit der hölzernen Zugbrücke absetzt... Ihr verabschiedet euch, du streichst ihm liebevoll durchs Fell und bedankst dich für die Begegnung...

Und dann gehst den Pfad auf der Blumenwiese wieder zurück...

Und ganz langsam kannst du mit deinen Gedanken wieder hierhin zurückkommen..., ganz langsam..., und in deinem eigenen Tempo... kehrst du mit deinem Fühlen und Denken wieder zurück in diesen Raum...

Reck dich und streck dich...

Atme tief ein..., und aus...

Und du spürst weiterhin, wie viel Ruhe in dir ist..., und auch die Kraft...

Du spürst, wie die Ruhe und die Kraft in dir stärker geworden sind...

Ein magischer Kristall

Du machst es dir ganz bequem… Du reckst und streckst dich noch einmal… Atme einmal tief ein…, und wieder aus…, noch einmal ein…, und aus…

Du hörst vielleicht noch Geräusche hier in diesem Raum…, oder auch von draußen…, aber mit jedem Atemzug werden die Geräusche weniger wichtig…, und du spürst schon, wie du ruhiger wirst…

Wenn du möchtest, schließe die Augen…, und atme noch einmal tief ein…, und wieder aus…

Spüre ganz bewusst, wie du von der Unterlage, auf der du sitzt oder liegst, getragen wirst..., wie du über diese Unterlage mit der Erde, verbunden bist...

Spüre auch den Raum, der dich umgibt... und schützt... und dich mit dem großen weiten Raum über dir, dem Himmel, dem Universum, verbindet...

Du läufst über eine sanfte Dünenlandschaft... Die Luft riecht nach Salz... Ein sanfter warmer Wind trägt den Geruch des Meeres über die Dünen hin zu dir... Hin und wieder lichtet sich das grüne Gras der Dünen und du folgst einem sandigen Pfad weiter in Richtung Horizont... Am Himmel ziehen ein paar Möwen spielerisch und leicht ihre Kreise im Aufwind... Betrachte Sie, wie leicht sie sich vom Wind tragen lassen... Das Rauschen des Meeres wird lauter..., und lauter...

Nach einer Weile erreichst du die höchste Stelle, die Dünen sind nun in eine Klippe übergegangen und du hast von hier, wo du jetzt stehst, einen großartigen Blick über das Meer... Grün, Türkis und Dunkelblau breitet es sich unter dir aus... Die Sonnenstrahlen tanzen auf der Oberfläche des Ozeans und einzelne Strahlen werden wie mit kleinen Spiegeln zu dir reflektiert... Du musst blinzeln, weil die reflektierten Strahlen so hell und intensiv sind...

Du gehst vorsichtig an den Rand der Klippe und blickst hinab in die Bucht... Das Wasser ist an dieser Stelle sehr, sehr klar und du kannst von dort, wo du stehst, erkennen, dass der Grund sandig sein muss, denn das Wasser ist hell und türkisfarben...

Atme den Geruch der salzhaltigen Meeresluft einmal tief ein... Und spüre, wie still und ruhig du schon geworden bist...

Etwas bewegt sich in der Bucht..., im Wasser..., und du versuchst zu erkennen, was es ist... Es sieht aus wie ein großer Fisch... Oder wie eine Robbe... Die Gestalt schwimmt an die Oberfläche und nun kannst du erkennen, dass es sich um eine wunderschöne Meerjungfrau handelt... Die Schuppen an ihrem Schwanz glitzern und strahlen in der Sonne, und es sieht aus, als seien zwischen den blauen, grünen und türkisfarbenen schillernden Schuppen auch glitzernde Edelsteine angewachsen... Sie lächelt dich an und ruft: „Komm zu mir, du kannst ruhig springen, das Wasser ist hier tief genug und ich werde auf dich aufpassen..." Du zögerst noch einen kleinen Augenblick, denn von so weit oben bist du noch nie ins

Wasser gesprungen! Dann holst du noch einmal tief Luft...
Und springst...

Platsch... landest du im Wasser, das zu deinem Erstaunen
gar nicht kalt ist... Du bist ganz mutig und öffnest die Augen
unter Wasser und kannst den sandigen Grund unter dir ganz
klar erkennen... Den hellen, fast weißen Sand... Die Muscheln, die hier und da im Sand liegen... Und den einen oder anderen Seestern...

Die Meerjungfrau nimmt dich an die Hand und zieht dich
mit sich weiter aufs offene Meer, und weiter in die Tiefe des
Ozeans... Ihre Hand fühlt sich gut an in deiner Hand, warm...
und voller Vertrauen... Ihr zieht an großen Felsen vorbei...
Versunkenen Schiffen... Großen grünen Algenfeldern... Riesigen Fischschwärmen aus schillernden bunten Fischen...

Dir fällt auf, dass du auch unter Wasser mühelos Luft bekommst... Vor lauter Staunen ist dir das gar nicht vorher bewusst geworden... Was für ein wundervolles Gefühl ist das,
sich auch unter Wasser ganz frei und schwerelos bewegen
zu können... Weiter geht es, immer weiter und tiefer...

Aber statt immer dunkler zu werden, wird es immer heller,
immer strahlender... Es ist ein wundervolles Gefühl, so einem strahlenden Licht entgegen zu schweben... Und als ihr
beiden näherkommt, immer noch Hand in Hand, erkennst
du, dass das Licht von einem wunderschönen Kristall ausgeht, der auf dem Meeresgrund in einen Felsen eingelassen
ist... Ihr schwebt im Wasser ganz nahe heran und du bewunderst das helle Strahlen, in dem hier und da auch die
Farben des Regenbogens zu erkennen sind...

An diesem Ort spürst du eine unglaublich tiefe Stille... Ruhe..., und du spürst, wie von dem Stein eine starke Kraft
ausgeht... Du schwimmst nun alleine für dich ganz nah heran
und berührst den magischen leuchtenden Kristall mit deinen
Händen... Das Licht ist angenehm warm... Es wärmt dich von
außen, aber auch innerlich kannst du die Wärme spüren...
Sie geht von den Händen über in die Arme... in deinen
Brustraum... und von dort überallhin in deinen Körper, bis in

die Zehenspitzen... Fühl die angenehme Wärme in dir... und die Ruhe... und die Kraft...

Nun ist die Zeit gekommen, dich von dem leuchtenden Kristall zu verabschieden...

Spür noch einmal intensiv die Stille und Ruhe in dir, die du insbesondere an diesem Ort spüren konntest... Spüre die Kraft, die du sammeln konntest... Schau dir den Felsen und den Kristall mit seinen Farben noch einmal ganz genau an... Spüre die Schwerelosigkeit, mit der du im Ozean schwebst...

Die Meerjungfrau lächelt dich an und bedeutet dir, dass es nun Zeit sei, umzukehren... Du gibst ihr deine Hand, und ihr zieht wieder gemeinsam durch das Wasser, aus den Tiefen des Ozeans empor in Richtung Oberfläche... In Richtung Sonne... Wieder zieht ihr vorbei an den wunderschönen bunten Fischschwärmen... An den Algenfeldern... An den versunkenen geheimnisvollen großen Segelschiffen... Wieder zurück in die Bucht, in der ihr euch begegnet seid... Dort erkennst du nun, dass in den Fels der Klippen eine versteckte Treppe eingearbeitet ist... Zum Abschied umarmt ihr euch noch einmal, dann kletterst du die Treppe wieder hinauf bis auf den oberen Rand der Klippe und betrachtest noch einmal voller Staunen und Dankbarkeit das Meer... Deine Handflächen sind immer noch sehr warm... Du drehst die Handflächen nach oben und siehst, dass sie in der Sonne glitzern und strahlen... Mit einem Lächeln auf dem Gesicht drehst du dich um und gehst den Weg durch die Dünen zurück...

Ganz langsam kannst du mit deinen Gedanken wieder hierhin zurückkommen..., ganz langsam..., und in deinem eigenen Tempo... kehrst du mit deinem Fühlen und Denken wieder zurück in diesen Raum...
Reck dich und streck dich…
Atme tief ein..., und aus...
Und du spürst weiterhin, wie viel Ruhe in dir ist…, und auch die Kraft…
Du spürst, wie die Ruhe und die Kraft in dir stärker geworden sind…

Die besonderen Elemente in meinen Traumreisen

Natur erleben: Wasser, Wiesen und Wälder

Die Natur als Schauplatz eignet sich meiner Ansicht nach besonders für Traumreisen, daher ist der Schauplatz meiner Traumreisen immer die freie Natur: sei es auf einer Wiese, in einem Wald, oder am Meer.

In der Natur gibt es ausreichend Wunder zu bestaunen, Luft, Licht und Raum um uns herum, und unsere Energie hebt sich unmittelbar, wenn wir „raus" gehen. Das geht jedem Menschen so, nicht nur mir, die ich eine sehr enge Verbindung zur Natur habe und auch immer wieder suche. Frische Luft und Licht sind wichtig für den Menschen, um gesund zu bleiben, sogar lebensnotwendig, um bestimmte Stoffwechselprozesse in Gang zu halten.

All diese verschiedenen Schauplätze der Natur haben ihre besonderen Reize und ihre besondere Magie. Und durch diese lassen sich in aller Regel alle unsere Sinne ansprechen: das Sehen, das Hören, das Riechen, das Fühlen, ja sogar der Geschmackssinn.

Meer und Wasserelemente in Form von Bächen oder Seen können angenehm kühlend sein, wir können uns das Rauschen des Wasserflusses vorstellen, manchmal kann man Wasser sogar riechen, zumeist in Verbindung mit Erde oder Gras. Es ist das Element, in dem wir im Mutterleib getragen wurden. Der menschliche Körper besteht zu 70% aus Wasser, und auch wenn wir nicht lange ohne fremde Hilfsmittel unter Wasser bleiben können, so ist und bleibt das Wasser ein Teil dessen, was uns ausmacht.

Ohne Wasser können wir nicht lange überleben, Wasser reinigt uns – sowohl körperlich, als auch auf der seelisch-geistigen Ebene. Denken Sie nur an die Rituale der Taufe. Oder an die Situationen, in denen Sie nach einem anstrengenden Arbeitstag, geduscht oder gebadet haben und sich anschließend erfrischt, entspannt und erholt gefühlt haben. Es sind die Spuren der Begegnungen mit anderen Menschen in unserer Aura, die wir so abwaschen und wieder ganz wir selbst werden.

Wiesen symbolisieren Weite, Grenzenlosigkeit, Freiheit, hier ist für alles und jeden Platz. Hier tummelt sich das Leben, und auch wenn aus der Ferne betrachtet alles recht einheitlich grün aussieht, so sind im Detail viele kleine Wunder zu entdecken, alle Farben und verschiedene Formen des Lebens vertreten.

Jeder kann sich vielleicht auch an die Erlebnisse aus Kindheits- und Jugendtagen erinnern, wie es war, barfuß auf einer Wiese zu laufen. Oder einfach in der Sonne auf dem Rücken zu liegen und die Wolken zu betrachten. Falls Sie sich daran nicht mehr erinnern können oder dies noch niemals getan haben – Sie sollten das demnächst unbedingt einmal ausprobieren!

Das erdet uns, lässt uns negative Energien an Mutter Erde abgeben. Es gibt in vielen Kulturkreisen Rituale und Meditationen, bei denen man sich intensiv mit der Erde verbindet und sich in ihr verwurzelt. Das fehlt uns und unseren Kindern oft, daher baue sich solche Passagen ganz bewusst ein.

Im Gegensatz zu der fröhlich bunten Weite von Wiesen, wohnt Wäldern, auch wenn man sich klassische Märchen genauer anschaut, etwas Geheimnisvolles inne. Wälder sind die Heimat von Rehen, Hasen, Eichhörnchen, Füchsen, Igeln, etc., sowie für einige Wesenheiten, auf die ich später eingehen werde.

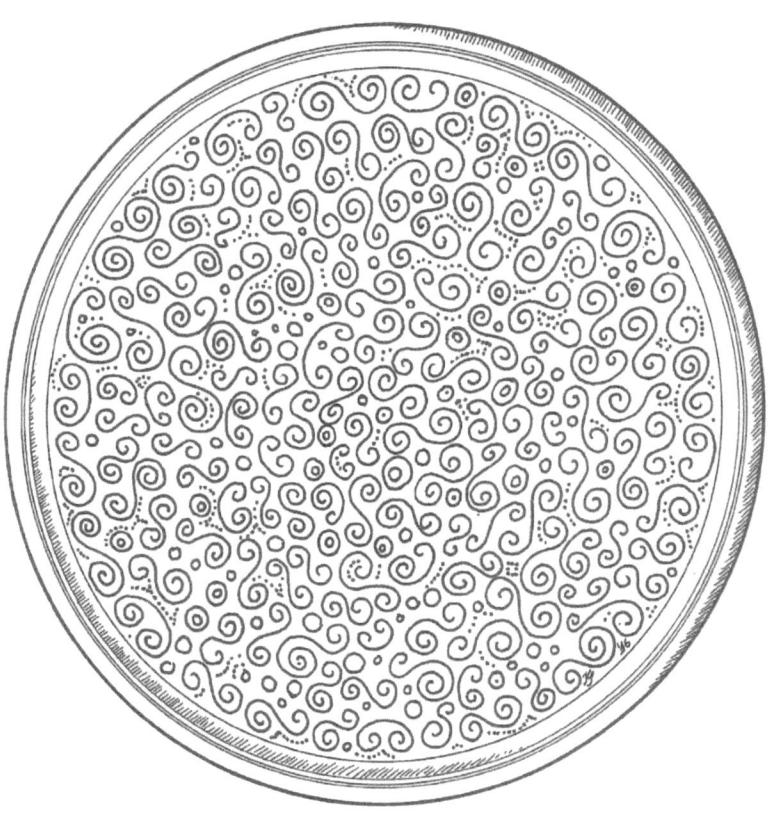

Ich kenne Plätze im Wald, die wie natürliche Kathedralen auf mich und andere wirken, Kraftorte, an denen wir auftanken können, gesegnet werden und geheilt werden.

Diese Plätze zu beschreiben und weiterzugeben an meine Leser bzw. Zuhörer, ist mir sehr wichtig.

Ebenso das Wissen um die Heilkraft jeden Baumes. Bäume können unsere negativen Energien aufnehmen und ableiten in den Schoß von Mutter Erde. In einer Geschichte beschreibe ich, wie Sie einen Baum umarmen. Versuchen Sie das mal in der Natur – keine Angst, meist sind wir selbst es, die wir uns für solche „Verrücktheiten" verurteilen. Sehr wahrscheinlich begegnet Ihnen sogar jemand, der versteht, was Sie da gerade tun, und Sie kommen in ein angeregtes Gespräch...

Auch wenn die Geschichten zur Entspannung gedacht sind, so darf doch der eine oder andere Überraschungsmoment nicht fehlen. Aus diesem Grund baue ich häufig eine Begegnung mit einer kleinen Figur oder einem Tier ein, und die Kinder sollen sich ganz besonders in diese Situation hineindenken und hineinfühlen.

Die Begegnung mit Tieren, die in der Wildnis gegenüber uns Menschen besonders scheu sind, schafft in den Traumreisen eine Atmosphäre von Vertrauen und Verbundenheit mit der Natur, sowie den Geschöpfen und Pflanzen, die diese hervorbringt.

Die Wirkung von Farben

In manchen meiner Traumreisen bitte ich die Zuhörer, sich ganz instinktiv eine Farbe vorzustellen. Meistens indirekt, indem ich eine Szene beschreibe, z.B., dass ein Raum mit farbigen Kristallen geschmückt ist, ein Stein, den jeder einzelne für sich findet, oder ein Engel, der eine eigene ganz besondere Aura hat, die in einer Farbe leuchtet.

Am allerschönsten finde ich persönlich das Farbenspiel des Regenbogens. Der Regenbogen bietet nicht nur direkt und unmittelbar noch einmal alle Farben zur Stärkung unserer Seele und Heilung unserer Chakren. Für mich stellt er auch eine Verbindung her zwischen unserer Welt und anderen Welten. Und um den Regenbogen ranken sich verschiedene Sagen und Mythen, wie z.B. der Topf mit Gold, den die Kobolde am Ende des Regenbogens versteckt haben.

Wer sich schon einmal mit Farbenkunde beschäftigt hat und den dazugehörigen Chakren, der weiß sicher, wie stimulierend eine solche Visualisierung sein kann. Tatsächlich suchen sich die Kinder in meinen Gruppen häufig rot oder orange aus, selbst die Jungs. Ich sehe da aber auch einen Zusammenhang mit der Tatsache, wie Kinder heute (immer noch) erzogen werden.

Dem Wurzel-Chakra, dem die Farbe Rot zugeordnet ist, und dem Sakral-Chakra, Orange, wird Energie entzogen, immer früher wird Kindern gesagt, dass man Dinge rational entscheidet, dass es wichtig ist, fleißig und leistungsfähig zu sein. Dass Sexualität etwas Verwerfliches, Peinliches oder

Böses ist. Zumindest aus den Gesprächen der Erwachsenen nehmen die Kinder diese Informationen bereits auf – auch wenn wir „Großen" meinen, die „Kleinen" würden unseren Gesprächen nicht folgen können oder sie nicht verstehen. Die Schwingungen und Basisinformationen werden sehr wohl verstanden und aufgenommen. Wenn nicht durch den Kopf bzw. die Ratio, so doch über das Herz und das Gefühl.

Bitte verstehen Sie diese Hinweise nicht falsch, ich möchte niemanden kritisieren, wir alle sind selber geprägt durch die Erziehung, die wir durch unsere Eltern genossen haben, und durch unser soziales Umfeld. Ich erkläre nur, wie es dazu kommen kann, und dass uns allen ein bisschen mehr Achtsamkeit im Umgang mit uns und unseren Kindern und Familien nicht schaden kann.

Achten Sie doch einfach mal darauf, welche Farben Ihnen zusagen, und ob bzw. wie sich das im Laufe der Zeit verändert.

Informationen zu den Farben, Ihren Bedeutungen und welche Farben welchen Chakren zugeordnet werden, finden sie im Internet oder in der einschlägigen Literatur zu diesen Themen.

Geschöpfe anderer Dimensionen

In der Natur, und insbesondere in Wäldern, sind viele Wesen zu Hause, all die Tiere, von denen jeder sich wünscht, sie einmal ganz aus der Nähe und ganz vertraut dicht bei sich zu spüren: ein wildes Häschen, ein Rehkitz, ein Eichhörnchen. Aber auch andere Wesenheiten haben dort ihr zu Hause: Elfen, Feen, Zwerge, etc.

Kinder haben oft noch ein intuitives Gespür dafür, leider von uns Erwachsenen dann als kindliche Phantasie abgetan. Diesen Wesen räume ich in meinen Geschichten einen Platz ein, weil ihr Erscheinen für gestresste Seelen heilsam ist und die Seele sich so wieder eine Verbindung schaffen kann zu dieser Welt.

Kleine Wesen wie Elfen oder Feen - für viele Erwachsene reine Fantasiewesen – verleihen den Geschichten eine besonders zauberhafte Qualität. Mit diesen Wesenheiten Freundschaft zu schließen ist etwas ganz Besonderes, und das möchte ich den Kindern auf Ihrem weiteren Lebensweg mitgeben.

Suchen Sie mal eine Stelle in Ihrem Garten, einem Park oder im Wald, an dem Gundermann wächst. Gundermann dient Elfen und Zwergen als Unterschlupf. Sie halten sich sehr gerne dort auf. Nehmen Sie ihr Kind mit und beobachten und fühlen Sie, ob Sie einen Unterschied an solch einer Stelle zu einer anderen Stelle wahrnehmen. Und hören Sie Ihrem Kind gut zu! Kinder haben oft noch eine ganz andere Wahrnehmung als wir – alles nur Phantasie?

Nur weil wir Dinge nicht sehen können, heißt das noch lange nicht, dass sie nicht existieren.

Ähnlich verhält es sich mit Engeln. Wie oft sprechen wir tatsächlich von unserem Schutzengel, aber wie selten glauben wir an deren tatsächliche Existenz und verbinden uns mit unserem Schutzengel. In meinen Geschichten ist das möglich, und vielleicht führt das dazu, dass wir zukünftig stärker mit unserem Engel – unserer inneren Stimme - verbunden sind. Daraus erwächst dann ganz wie von selbst das Gefühl, nicht alleine und beschützt zu sein.

Zum guten Schluss...

Danksagungen

Ein ganz herzliches großes Dankeschön gilt meinem Mann Frank, der mich bekräftigt hat, die Geschichten tatsächlich aufzuschreiben, zu ordnen und daraus ein Buch zu gestalten, und der hin und wieder mit Ideen und Anstößen geholfen hat, wenn mein Schreibfluss ins Stocken geriet. Ganz zu schweigen davon, dass er mich in meiner Kreativität bedingungslos und geduldig unterstützt hat und einer der Korrektoren meines Manuskriptes war.

Auch meinen beiden Kindern, Lara und Norick, gilt mein Dank: schon in jungen Jahren waren sie fleißige Zuhörer und aktuell haben sie mich auch bei meinen neuen Geschichten inspiriert, mich motiviert und mein Manuskript teilweise Korrektur gelesen, vielen Dank ihr zwei Süßen!

Meinen Eltern danke ich aus tiefstem Herzen, zum einen weil es mich ohne sie nicht gäbe, und zum anderen, weil sie an mich glauben, und mir dieses Projekt nicht ausgeredet haben.

Ein weiterer großer Dank geht an meine Schwester Julia, die dieses Buch schon kaufen wollte, noch bevor ich es geschrieben hatte, um es Ihrer wundervollen Tochter Leah vorzulesen. Vielen Dank für die Korrekturen des Manuskripts, Schwesterherz!

Meiner Freundin Hilde gilt mein ganz besonderer Dank: sie hat fasziniert meine ersten Rohfassungen verschlungen, war so begeistert, dass mich das zusätzlich inspiriert und motiviert hat, weiterzumachen. Darüber hinaus hat auch sie mich hinsichtlich der Korrektur des Manuskriptes maßgeblich unterstützt.

Darüber hinaus möchte ich all jenen Menschen, die mich direkt oder indirekt auf dem Weg von der Idee bis hin zum fertigen Buch begleitet, unterstützt und inspiriert haben, meine Wertschätzung und meinen Dank aussprechen, das sind unter anderen: das Team und die Kinder der evangelischen KiTa in Bochum Linden, insbesondere die Leiterin Frau Hermann, Renate und Felix, Michael, der Sohn meiner Freundin Hilde, Frans, mein langjähriger Coach und Lehrer, der leider im Frühjahr 2016 verstarb, den beiden Claudia, Marie-Louise, und vielen andren Wegbegleitern.

Ihnen allen, und vielen weiteren Menschen, die – bewusst oder unbewusst – im Kleinen wie im Großen - zur Entstehung dieses Buches beigetragen haben, gilt mein tief empfundener Dank!

Über die Autorin

Kirsten Schwörer wurde am 26.03.1970 in Darmstadt geboren. Sie hat Ihre Kindheit und Jugend in Darmstadt, Rio de Janeiro, Iserlohn und Berlin verbracht, wo sie maßgebliche Impulse und Ideen zu der Vielfalt von Menschen, Kulturen und Religionen und deren Überzeugungen bekam und gelernt hat, offen zu sein für alles, was neu oder anders ist.

Es folgte ein Studium des Maschinenbaus in Aachen, das Sie 1995 erfolgreich abschloss.

Während Ihrer Karriere als Dipl.-Ing. des Maschinenbaus hat Sie als Bestandteil Ihrer Management- und Personalführungsaufgaben bei einem internationalen Konzern seit 1999 bis heute umfangreiche Erfahrungen als Coach gesammelt.

Seit der Geburt ihres ersten Kindes im Jahr 2001 hat sie sich zunehmend mit Spiritualität, alternativer Heilung, altem Wissen und Naturkräften beschäftigt und verschiedene Ausbildungen auf diesem Gebiet absolviert: unter anderem eine intensive 3jährige Schulung als spirituelle energetische Heilerin, sowie eine Ausbildung zur Reiki-Meisterin. Ende 2014 eröffnete Sie Ihre Praxis für energetisches Heilen.

2015 begann sie sich ehrenamtlich in einer Kindertagesstätte zu engagieren und hat dort mit Kindern im Alter von drei bis sechs Jahren Traumreisen durchgeführt, die in diesem Buch zusammen mit Anregungen und Hintergrundinformationen vorgestellt werden.

Weitere Informationen finden Sie unter:
www.heil-kunst-schwoerer.de

Zeitfracht Medien GmbH
Ferdinand-Jühlke-Straße 7
99095 Erfurt, Deutschland
produktsicherheit@kolibri360.de